SIMONNE MONET CHARTRAND

ma vie comme rivière

les éditions du remue-ménage

Conception graphique et couverture : Lamothe, Leduc, Loranger enr.

Recherche iconographique : Simonne Monet Chartrand

Correction de textes : Rachel Bédard
Claire Belanger
Henri-Paul Chevrier
Roxane Fraser
Lisette Girouard
Suzanne Girouard

Montage : Odette DesOrmeaux
Christine Dufresne
Lisette Girouard
Raymonde Lamothe
Ginette Loranger

L'auteur tient à remercier le Service de l'Aide à la création (MAC) qui lui a accordé une bourse pour la rédaction de ce livre.

Également:
Michèle Lalonde et Thérèse Martin
Jean-Louis Roy et Pierre Vadeboncoeur
Jacques Folch-Ribas et Jean Royer
Robert Blondin et Monique Martin
Alain Chartrand et Diane Cailhier
pour leur encouragement à la réalisation de ce premier volet.

Avec la précieuse collaboration de Michelle Bessette, secrétaire à la rédaction de ce livre.

Les Éditions du remue-ménage inc.
C.P. 607, Succ. "C"
Montréal, Qué.
H2L 4L5

Distribution : Les messageries Prologue
2975, Sartelon
Ville Saint-Laurent, Qué.
H4R 1E6

© Les Éditions du remue-ménage inc.
Dépôt legal, Bibliothèque nationale du Québec,
Deuxième trimestre 1981
ISBN 2 89091 028 8

À la mémoire de mes parents et grands-parents
À Michel, mon compagnon de vie
À mes enfants: Micheline, Hélène, Marie-Andrée,
Alain, Suzanne, Madeleine et Dominique
À mes petits-enfants: Philippe-Emmanuel Chartrand,
Katerine et Anne-Marie Deslauriers,
et Marie Cailhier Chartrand
À l'amie anonyme

**Je ne veux pas
Que la neige
Les ans
Et le froid
Gèlent ma mémoire**
Simonne Monet Chartrand
4 novembre 1978

Continuer la Vie

La formule particulière de ce livre est la communication directe, voire même la confidence. En toute simplicité, mais avec honnêteté et rigueur, j'ai tenté dans ce premier volet de découvrir les pensées et attitudes fondamentales de mon enfance et de mon adolescence. Aussi quelques axes ou points de repère, grâce auxquels je pourrais parvenir à mieux saisir le sens et la portée de mes rapports d'adulte avec autrui, à partir de mes rapports antérieurs avec mon entourage immédiat: mes parents, grands-parents et éducateurs.

Toutefois ce récit, par son contenu socio-politique et religieux, déborde largement mon histoire personnelle; il va au-delà des noms de famille, des professions, du milieu familial et géographique évoqués. À certaines nuances près, il m'apparaît le reflet de la vie des membres de bien d'autres familles canadiennes françaises de divers milieux, à diverses époques.

La correspondance familiale y joue un rôle primordial. Son style lyrique d'influence académique et religieuse est selon moi, le reflet d'une certaine mentalité de milieu bourgeois.

Le sens de cette autobiographie? D'abord le témoignage d'une merveilleuse aventure de re-communication avec des personnes connues et aimées durant ma Vie. Puis le désir et le besoin de communication avec le grand public de toutes générations.

À force d'être toujours bousculée et surmenée par les exigences de multiples engagements sociaux, de pair avec les exigences du quotidien familial, ma respiration et mon rythme cardiaque en furent très affectés... Ma période d'activisme est terminée. Celle de l'expression écrite commence.

Je bâtis donc ce livre et les autres au rythme anarchique des pulsations de mon coeur fatigué, mais heureux de tant aimer...

J'écris sur un mode direct ma propre aventure de Vie, pour tenter d'en éclaircir les fondements, d'éclairer et d'assumer le présent, de l'apprécier à sa juste valeur. Librement. J'écris au rythme de mes respirations trop courtes et inégales
Du plus secret et profond de moi
Dans une pulsion vers ailleurs, vers vous!
C'est ma manière à moi de vivre, de continuer la Vie...

Texte dédié à Philippe-Emmanuel Chartrand
en ce 8 août 1979
pour son 15e anniversaire de naissance

Simonne Monet Chartrand

L'écriture, plaisir et tourmente...

> «*Écrire sur soi
> c'est une façon de parler aux autres
> d'eux-mêmes, d'elles-mêmes*».
> Simone de Beauvoir

Dans ma famille, l'écriture a toujours pris une grande place dans nos relations interpersonnelles: correspondance, journal intime, notes, mémos, cartes de fête et de voeux. Les contacts et les échanges se vivaient ainsi très intensément. Quand il y avait entre nous un problème trop aigu, nous nous écrivions, même si parfois nous habitions dans la même maison, comme à Beloeil durant l'été.

La conversation était, bien sûr, notre premier instrument de communication; mais dans les moments difficiles d'incompréhension et de gêne, la correspondance y suppléait. Nous sentions le besoin de nous exprimer, de nous expliquer plus à fond par le biais de l'écriture. En toute honnêteté.

Entre mes parents et moi, il y avait une correspondance assidue. Je leur écrivais mes états d'âme de pensionnaire, mes désirs de plus grande liberté, mes rêves et réalisations de femme.

Par l'intermédiaire des lettres que mes parents se sont écrites tout au long de leur vie et ont écrites à chacun de leurs trois enfants pensionnaires, j'ai pu revivre leur relation de couple, leurs sentiments et leurs comportements de parents.

Mon père et moi n'avons jamais cessé de nous écrire. Une hémorragie cérébrale entraînant une crise cardiaque l'a emporté subitement. Nous nous étions écrit la veille... Nos lettres se sont croisées...

Je ne sais si j'ai vraiment sacrifié l'écriture à l'action. Ni si j'ai sacrifié le bonheur à l'action et à l'écriture. Je crois que ces modes d'expression ont toujours été, chez moi, très liés. Comme des vases communicants...

Je ne me résigne pas facilement à voir fuir le bonheur.
Le Bonheur!
J'en avais fait un absolu.

J'ai expérimenté, j'ai assisté au cours de ma Vie
Avec lucidité et regret

À l'éclatement de bien des absolus, des archétypes, des dogmes. De bien des valeurs reconnues fondamentales, dites même éternelles. Valeurs qui ont commandé mes propres attitudes, décisions et visions du monde.

Les rapports d'ordre existentiel qui s'établissaient et s'établissent encore actuellement entre les individus, les groupes et moi ont été, au cours des années, et sont encore sérieusement remis en question. Le doute, la relativité, le désenchantement, voire parfois l'angoisse se sont tour à tour installés au coeur de mes anciens absolus. En mon coeur aussi.

La forte influence d'une éducation religieuse désincarnée, le trop brusque passage d'un monde chimérique à un monde temporel de réalités difficiles à accepter, à assumer dans toutes ses implications et conséquences m'ont toujours rendu difficile le vécu quotidien. Mais toujours une lueur d'amour, d'espoir a brillé, m'a indiqué la voie.

Je viens d'avoir soixante ans. Je n'ai plus charge ni responsabilité d'enfants. Les nôtres sont des jeunes adultes autonomes qui viennent à la maison en visiteurs, comme amis, avec leurs conjoint(e)s, pour le plaisir de se retrouver ensemble, de nous retrouver, de nous reconnaître comme individus. Je pense que mes maternités ont été, globalement, plus que du «maternage», mais des créations dans un sens très large. Ce que j'ai fait de mieux dans ma Vie, ce sont des personnes.

Longtemps éducatrice de jeunes enfants, j'ai accordé alors beaucoup d'importance à leur développement sensoriel. J'ai tenté d'éveiller en eux le désir de l'écoute de divers sons, de la reconnaissance des odeurs et saveurs, enfin de l'observation des divers éléments de la nature et cela en toutes saisons.

Sur le plan artistique, ce que je n'ai pu accomplir au cours de ma Vie, faute de ressources adéquates, nos enfants, devenus adultes, le réalisent à la fois par choix, par plaisir et professionnellement avec succès et agrément. Je n'ai pas écrit de poème sur les couchers de soleil mais Alain et sa compagne ont conçu et réalisé un film, «Les Douces» (les énergies du soleil).

J'ai toujours considéré que la co-procréation purement biologique des êtres doit à tout prix se poursuivre sur d'autres plans et en harmonie. Ceci pour l'épanouissement intégral et autonome des potentialités spécifiques de chacun. En toute responsabilité.

D'avoir, «à deux», en amour, eu la puissance de procréer un être neuf, original, particulier, différent, m'est toujours apparu comme une source inépuisable d'épanouissement personnel et collectif. Un élargissement, un renouvellement de la Vie dans et par l'Amour.

Plusieurs fois, en quarante ans de vie conjointe, je me suis posé de sérieuses questions. Je me les pose encore aujourd'hui.

Avions-nous le droit, avons-nous le droit, Michel et moi, de sacrifier d'agréables et légitimes moments d'intimité, de détente, de loisirs culturels ou sportifs, pour répondre aux exigences tyranniques imposées par des engagements socio-politiques?

Certes, ces exigences furent acceptées par conviction, mais aussi très souvent par la force des circonstances, de l'actualité politique, des pressions de groupes. Des groupes de pression, toujours nouveau-nés, et souvent peu viables, ont accaparé, ont grugé, depuis quarante ans, notre intimité, nos maigres salaires, notre temps, notre santé, nos talents, nos énergies. Avions-nous le droit de nous laisser à ce point accaparer, saison après saison, décennie après décennie? Et pourquoi? Et pour qui? Pour les autres, en esprit de service.

En plus du poids de ces engagements individuels ou conjoints, s'ajoutait pour moi la privation, faute de temps, des joies de la lecture, non celle de rapports statistiques et de documents, mais la lecture d'oeuvres de vrais écrivains librement choisis, surtout de femmes écrivaines. J'en ai toujours éprouvé de grandes frustrations.

J'ai toujours eu la nostalgie du temps de ma jeunesse où je goûtais un plaisir à la fois sensuel et intellectuel devant les mots, le style d'un auteur, la charpente d'un chapitre, l'architecture d'un livre.

Nostalgie du temps où aucun cri, aucun pleur d'enfant, aucune sonnerie de téléphone, aucune urgence, ne venait rompre le charme de la lecture: poésie ou contes et légendes, biographies, essais ou nouvelles. Magie de l'écriture des autres! Aussi, exigence et joie de l'écriture, de la mienne: court poème, dix lignes de journal intime, lettres à la parenté, lettres d'amour à Michel impliqué syndicalement ici et là en province. Du temps à soi, «une chambre à soi», comme l'écrit Virginia Woolf. Un calepin, un cahier pour, en jet, y inscrire pensées, sentiments, sensations et désirs forcément enfouis par les exigences du quotidien, des convenances et du «devoir d'état d'épouse, de ménagère et de mère de famille», grande vocation traditionnelle que la société et ses institutions reconnaissent à la femme... gratuitement. Son temps ne compte pas; elle a tout son temps...

Pourquoi pas un travail bénévole d'écriture? Rédaction de mémoires, de statuts et règlements, textes de pétitions, de manifestes, de déclarations de principes, etc. etc. Les S.O.S. sont pour les bénévoles. Un coup de fil: «Simonne, ferais-tu le procès-verbal de la dernière réunion?» — ou encore — «Le directeur aimerait que tu rédiges un texte reprenant tes propos lors du dernier colloque de l'Association des Centres de Bénévolat».

* * *

Moi qui rêvais depuis toujours d'exprimer l'essentiel de la Vie, de ma Vie à travers ma propre écriture. Librement.

Bien sûr, j'arrivais à m'exprimer quelque peu à travers tous ces textes; mais quand j'en avais terminé la rédaction ou enregistré une émission de radio ou de télévision soigneusement minutée, le plus important, venant du plus profond de moi, n'était pas dit. La parole et l'écriture sont de merveilleux moyens d'expression, mais ironie du sort, elles peuvent devenir des bâillons, des moyens d'exploitation au service de......

Je me suis longtemps demandé pourquoi il était si difficile pour une femme d'écrire, de tout écrire, de tout dire. Quand elle le fait, elle devient vite subversive. «Les paroles s'envolent et les écrits restent» nous a-t-on répété dans la famille, au couvent, dans les groupes d'élite hiérarchisés, dans les milieux bien-pensants, aussi «Toute vérité n'est pas bonne à dire!» Michel, lui, n'a jamais tenu compte de ces maximes... Sans doute est-il plus courageux que d'autres? Sûrement. Ou peut-être le public préfère-t-il la franchise d'un homme à celle d'une femme? Je le crois...

«La femme doit être discrète...» Quand elle se met à décrire le réel, à dire ou à écrire le vécu, on crie à l'indécence: «Elle, pourtant si distinguée! Qu'est-ce qu'il lui prend de se confesser ainsi en public? Qu'elle garde donc pour elle ses histoires de couventine, ses peines d'amour, ses souvenirs de famille. On ne doit pas raconter au public ses petites histoires, son vécu intime. C'est de l'exhibitionnisme, de l'hystérie, du narcissisme féminin ou une coquetterie féministe gauchisante!» Que m'importe l'opinion des gens timorés. L'opinion publique, c'est un censeur. Si on ne sait pas s'en dégager, elle nous dévore. Si je m'étais souciée de l'opinion publique, je n'aurais absolument rien fait de ce qui me tentait. Je n'aurais surtout pas épousé Michel Chartrand.

Avant de partir... je tiens absolument à m'exprimer par l'écriture. J'espère seulement «qu'il me reste encore un peu de temps...» J'aimerais tout d'abord poursuivre mon récit autobiographique pour en arriver finalement à écrire un essai basé sur mes notes, réflexions et pensées accumulées depuis tant et tant d'années.

Ces textes exigent de moi un dépouillement terrible. C'est une tâche difficile à accomplir, tâche plus difficile pour moi que celle de tous mes accouchements mis ensemble. Mais je la veux, cette mise à nu. Je pense qu'il faut en arriver à tout dire, à livrer ses sentiments, ses émotions, sans gêne ni fausse pudeur, apprendre à communiquer et à en assumer les risques, faire connaître ce qu'on a de plus secret, se donner. J'ai appris à être fidèle envers moi-même. Je veux être vraie jusqu'au bout, envers et contre tous. Que m'importe «la bonne réputation» que l'on m'accorde ou me refuse. Les aventures vécues ne sont plus à taire comme des secrets.

L'écriture est à la fois plaisir et tourmente.
J'écris *tourmente* volontairement.

*   *   *

Beloeil, 25 août 1937

À cinquante ans, si je vis, je reprendrai «Mon Journal». D'ici là, je le cache, je l'enfouis comme ma peine d'amour. *Au creux de moi.* Si j'ai des enfants, quand ils auront 18 ans ou 30 ans, peut-être que je leur laisserai lire ce journal. Ils seront adultes, mes égaux.

P.S. Si jamais j'écris un livre, mon titre de livre sera: «Ma Vie est une rivière».

1937

Fin août

Il a parlé avec moi une partie de la nuit. J'ai, ce matin, écrit l'essentiel de ses propos afin de ne jamais les oublier.

J'avais décidé de ne pas continuer d'écrire ce Journal. Je change d'idée. Vais écrire encore, sous l'impulsion du moment, sans indiquer ni les lieux, ni les dates, un peu dans un temps intérieur intime, personnel.

J'ai souvent désiré la liberté des femmes célibataires, des écrivaines célibataires, entre autres, celle de Simone de Beauvoir. Au tout début des années 50, à la lecture du *Deuxième sexe*, j'ai été très éclairée par ses chapitres sur les mythes de la féminité et aussi très influencée par tout le contenu de cet essai. Par contre, à l'époque, j'ai éprouvé de l'indignation face à sa démarche individualiste de philosophe affirmant que «la ménagère et la mère de famille sont des esclaves, victimes d'un piège dans lequel la femme ne peut que laisser sa liberté et son bonheur».

Que ce soit l'enfantement biologique au rythme affolant où moi je l'ai vécu, ou que ce soit l'enfantement intellectuel au rythme où elle a dû créer et produire des bouquins, nous avons toutes deux été rongées par une oeuvre. Comme moi, elle admet maintenant vivre et goûter les joies «d'une certaine paresse très occupée».

Ayant vécu des vies totalement différentes, elle, non mariée et sans enfant par choix, moi, mariée et mère de sept enfants, elle écrivaine célèbre, moi bénévole et faiseuse de petites conférences, l'une Simone, l'autre Simonne, avons toujours eu en commun le goût de l'écriture.

«Le Patriote» illustration de Henri Julien.

Pèlerinage politique

CHAMBRE DES COMMUNES

Le vendredi 16 octobre 1970

LA LOI SUR LES MESURES DE GUERRE

DÉPÔT DE LA PROCLAMATION RELATIVE À L'ÉTAT D'INSURRECTION APPRÉHENDÉ ET DES RÈGLEMENTS DE 1970 CONCERNANT L'ORDRE PUBLIC

Le très hon. P. E. Trudeau (premier ministre): Monsieur l'Orateur, en conformité de l'article 41(2) du Règlement, je veux déposer, en vertu de la loi sur les mesures de guerre, un décret du conseil autorisant la publication d'une proclamation, ainsi qu'un exemplaire de ladite proclamation.

Je veux aussi déposer un second décret, en vertu de la loi sur les mesures de guerre, autorisant certains règlements qui confèrent des pouvoirs d'urgence.

M. Douglas (Nanaïmo-Cowichan-Les Îles): Peut-on demander au premier ministre si des exemplaires de ces règlements seront distribués aux députés immédiatement?

Le très hon. M. Trudeau: Oui, monsieur l'Orateur.

M. l'Orateur: C'est ce qu'on est en train de faire. On distribue des exemplaires du document.

* * *

LA SÉCURITÉ NATIONALE

L'ÉTAT D'INSURRECTION APPRÉHENDÉ—DEMANDE DE CONSENTEMENT UNANIME FAITE AUX TERMES DE L'ARTICLE 43 DU RÈGLEMENT ET TENDANT À L'APPROBATION DES MESURES D'URGENCE PRISES PAR LE GOUVERNEMENT

Le très hon. P. E. Trudeau (premier ministre): Monsieur l'Orateur, aux termes de l'article 43 du Règlement, je demande l'assentiment unanime de la Chambre pour présenter la motion suivante:

La Chambre approuve le geste que pose le gouvernement en invoquant les pouvoirs de la Loi sur les mesures de guerre pour parer à l'état d'insurrection appréhendé dans la Province de Québec, conformément à la communication du gouvernement du Québec et des autorités municipales de Montréal au premier ministre, et approuve en outre les ordres et règlements déposés aujourd'hui par le premier ministre étant bien entendu que la proclamation invoquant les pouvoirs énoncés dans les règlements sera révoquée le 30 avril 1971 ou avant, à moins que la Chambre ait approuvé une résolution autorisant leur prolongement au delà de la date spécifiée.

> *Nous sommes des êtres discontinus, individus mourant isolément dans une aventure inintelligible, mais nous avons la nostalgie de la continuité perdue.*
>
> *Nous supportons mal la situation qui nous rive à l'individualité du hasard, à l'individualité périssable que nous sommes.*
>
> *En même temps que nous avons le désir angoissant de la durée de ce périssable, nous avons l'obsession d'une continuité première qui nous relie généralement à l'être.*
>
> Georges Bataille
«L'Érotisme»

*Extrait dédié à Micheline Chartrand
en ce 11 mars 1978,
pour son anniversaire de naissance.*

Notre Patriote de 37, grandeur nature, de bois peint rouge, était resté fixé à l'orme centenaire du chemin d'entrée de notre maison à Richelieu.

Michel Chartrand venait de quitter subitement la maison, encadré de deux policiers de la Sûreté du Québec et de deux autres de la Gendarmerie Royale. C'était le 16 octobre, il était 5h10 du matin.

Éduquée dans un milieu juridique, j'avais demandé, dès la brusque entrée des policiers: «Avez-vous un mandat d'arrestation?» On m'avait répondu: «On n'en a pas besoin. La proclamation de la Loi sur les mesures de guerre nous donne tous les pouvoirs. Des pouvoirs d'urgence»

— Guerre de quoi? Urgence de quoi? Comment pouvez-vous justifier d'entrer chez des gens endormis au petit matin, sans mandat?

— Simonne, ne discute pas avec eux. Ils font «leur job»; ils sont en service commandé. Ouvre plutôt la radio.

La nouvelle était consternante: «Par une décision du Gouverneur général en conseil, la Loi des mesures de guerre, votée à 4h de la nuit, autorise les corps policiers à perquisitionner et à emmener sans mandat tout citoyen soupçonné d'affiliation ou même de sympathie au Front de libération du Québec (F.L.Q.). Le Gouvernement fédéral invoque les pouvoirs de la Loi sur les mesures de guerre pour parer à l'état d'insurrection appréhendé dans la province de Québec».

— Michel, de quelle insurrection s'agit-il?
— D'un état d'insurrection appréhendé. C'est-tu assez fort! Le beau Pierre, co-fondateur de la Ligue des Droits de l'Homme et son ministre de la Justice John Turner viennent d'abolir d'un coup sec tous les droits individuels. Comprends-tu, là?
— Mais c'est injuste! Je vais appeler un avocat. On ne peut tout de même pas perquisitionner chez nous, encore moins t'emmener comme ça, sans mandat, sans chef d'accusation?

J'étais très agitée. Mes gestes étaient surveillés de près. Je courus au téléphone de la cuisine. Les policiers m'en interdirent l'usage. Je grimpai à toute allure au second étage où dormaient les deux plus jeunes, Dominique et Madeleine, et l'un de leurs amis cégépiens. Deux policiers étaient déjà postés près du téléphone du deuxième étage. Ils déposèrent leurs pistolets sur l'appareil. Je me sentais prise dans un guet-apens. Je tenais à demander des explications et des renseignements sur cette nouvelle loi à mon frère, alors juge à la Cour supérieure. Par abus de pouvoir, on me le défendit.

Michel mon époux, un père de famille «enlevé d'urgence» avec un syndicaliste et un cégépien! Ils venaient de partir chacun dans une voiture de police spéciale. Il ne restait à la maison que mes deux adolescents et moi-même: trois personnes indignées, bouleversées par la visite impromptue et sauvage des policiers, leurs perquisitions, leurs pouvoirs exorbitants, leur arrogance.

Dès six heures du matin, les aînés tentèrent de me joindre par téléphone. Marie-Andrée de Ste-Mélanie, Alain et Suzanne de Longueuil, Micheline d'Outremont, Hélène de St-Hilaire. Ils m'offraient soutien et hospitalité.
— Ne sors surtout pas aujourd'hui. Ne va pas à ton travail à Radio-Canada. L'armée est partout... Ne sors pas seule. Tu serais une cible facile; papa et toi êtes trop connus. Fais bien attention à toi. Pour l'instant, parle le moins possible en public.

Le téléphone ne cessait de sonner...

Les services des nouvelles des journaux, radios et télévisions québécois, canadiens et même français me harcelaient de questions sur l'arrestation de Michel.
«Quand? Comment? Pourquoi?»
Ils voulaient des détails: «Y a-t-il eu brutalité, affrontement physique entre Michel et les policiers de la Sûreté du Québec, ou ceux de la Gendarmerie?»

— Non, Michel n'est pas violent physiquement.
— Vous ont-ils menacée? Pourquoi ne vous ont-ils pas emmenée pour interrogatoire?
— Je ne suis pas membre du F.L.Q., pas plus que Michel d'ailleurs. Dans sa vie syndicale et en politique, Michel n'a jamais usé de pratiques violentes ni clandestines.

Depuis plusieurs années, le pouvoir politique, à tous les niveaux de gouvernement et le pouvoir juridique reprochaient à Chartrand, dans ses fréquents discours publics, de dénoncer le système capitaliste en utilisant une violence verbale susceptible d'inciter des groupes de la population québécoise à «mettre la hache» dans ce système. La teneur et le ton de ses discours seraient-ils «présumés subversifs» par l'ordre établi? Serait-ce là, la raison de son arrestation?

Mais moi, qui étais-je maintenant? Simonne Chartrand serait-elle dorénavant perçue comme la femme de Michel ou «la femme à Michel» selon les milieux? J'étais une simple citoyenne, sans droit de recours, que le pouvoir et les médias d'information avaient à l'oeil.

Madeleine, Dominique et moi, laissés seuls à la maison, étions indignés, nerveux, démunis. Sans ressources. D'un commun accord, il fut décidé qu'ils iraient vivre hors de Richelieu pour un certain temps. Je restai seule. Le téléphone ne cessait de sonner... Sympathisant, le journaliste Pierre Nadeau, me demanda de lui accorder une entrevue pour la revue Maclean. J'acceptai de le recevoir à Richelieu...

J'avais à remettre en ordre les livres de la bibliothèque, nos tables de travail et nos dossiers bousculés, renversés par les policiers. Michel avait fait preuve jusqu'à la dernière seconde d'un calme et d'un sens de l'humour exceptionnels. Avant son départ précipité, il avait dit aux policiers:
— Attendez-moi quelques minutes, je vais me raser, me faire beau pour la Reine. Pendant ce temps-là, ma femme va vous offrir une bière... Ne t'inquiète pas pour moi! La prison, ça ne me fait pas peur. Prends bien soin de toi. À bientôt, j'espère.

Je décrochai le téléphone, j'arrosai les plantes et je vins m'asseoir au bout de notre immense table de cuisine, désertée, complètement vide et nue. Seule, toute seule...

M. l'Orateur: La Chambre consent-elle à l'unanimité à ce que le très honorable premier ministre présente la motion?

Des voix: D'accord.

Le très hon. M. Trudeau: Monsieur l'Orateur, j'ai le grave devoir d'informer la Chambre qu'à 4 heures ce matin, le gouvernement a proclamé la mise en application de la loi sur les mesures de guerre. Le gouvernement n'a pris cette décision qu'après avoir tenu compte de tous les faits, et surtout des lettres reçues du premier ministre du Québec et des autorités de la ville de Montréal, faisant état du danger d'insurrection. La lettre du premier ministre du Québec, reçue à 3 heures ce matin, dit ceci:

[*Français*]

Québec, le 16 octobre 1970

Monsieur le Premier ministre,

Au cours des derniers jours, la population du Québec a été bouleversée par les enlèvements de monsieur James R. Cross, représentant du gouvernement britannique à Montréal, et de l'honorable Pierre Laporte, ministre du Travail et de la Main-d'œuvre et ministre de l'Immigration du Québec, ainsi que par les menaces proférées contre la sécurité de l'État et des personnes dans des communiqués émis par le Front de Libération du Québec ou en son nom, et enfin par l'ensemble des circonstances reliées à ces événements.

Après consultation des autorités directement responsables de l'administration de la justice au Québec, le gouvernement du Québec est convaincu que la loi, dans son état actuel, ne permet pas de répondre d'une façon satisfaisante à cette situation.

Dans les circonstances, au nom du gouvernement du Québec, je demande que des pouvoirs d'urgence soient prévus le plus tôt possible permettant de prendre des mesures plus efficaces. Je demande en particulier que ces pouvoirs comprennent l'autorité d'arrêter et de détenir les personnes que le procureur général du Québec estime, pour des motifs raisonnables, être dédiées au renversement du gouvernement par la violence et des moyens illégaux. Selon l'information que nous possédons et qui vous est accessible, nous faisons face à un effort concerté pour intimider et renverser le gouvernement et les institutions démocratiques de cette Province par la commission planifiée et systématique d'actes illégaux, y compris l'insurrection; il est clair que les individus engagés dans cet effort concerté rejettent totalement le principe de la liberté dans le respect du droit.

Le gouvernement du Québec est convaincu de la nécessité de tels pouvoirs pour faire face à la crise actuelle. Non seulement deux hommes complètement innocents sont menacés d'assassinat, mais encore nous faisons face à une tentative de destruction de l'ordre social par une minorité ayant recours à la commission d'actes criminels; ce sont ces considérations qui amènent notre gouvernement à faire cette demande.

Le gouvernement est confiant que par le recours à de tels pouvoirs, il pourra sans délai mettre un frein à l'intimidation et à la terreur, et asurer à tous les citoyens la paix et la sécurité.

Veuillez accepter, monsieur le Premier ministre l'expression de mes sentiments les meilleurs.

Robert Bourassa

Débats des Communes, 16 octobre 1970.

Je sentis l'impérieux besoin de quitter la maison. Cette fugue était nécessaire pour découvrir mon identité propre; celle de Simonne Monet. Le soir tombait. Je montai dans notre vieille Peugeot et me rendis à St-Jean d'Iberville, là où mon grand-père avait fait bâtir au début du siècle, une grande maison de briques avec deux tourelles.

À la brunante, j'ai marché sur l'herbe. C'était l'automne, il y avait des feuilles partout sur la pelouse. J'ai revu avec émotion, puis irritation, les lieux de mon enfance heureuse; je n'étais plus chez mon grand-père Dominique ni chez ma grand-mère Marie-Louise.

Comme dans l'ombre, j'ai revu le visage de mon grand-père. Comme en rêve, j'ai entendu sa voix à la fois chaude et sévère.

— Simonne, tu ne dois pas caresser les chiens. Ce sont des chiens de chasse. Il ne faut pas les gâter, tu entends? Ni approcher les canards, ni les oiseaux de la volière. Tu m'entends?

— Oui, mais, grand-papa, les bêtes ont besoin de caresses, comme les petites filles...

— Ne pleure pas pour si peu; toujours la larme à l'oeil! Va jouer avec ton petit chien blanc, promène-toi en voiture avec Roger ou va jouer à la poupée. Joue avec celle que ta grand-mère t'a tricotée.

— Je n'aime pas jouer à la poupée. Sa tête est en plâtre, son ventre en son, son corps en guenilles. Elle ne bouge pas. Une poupée, ce n'est pas vrai; je n'ai pas d'enfant, je suis trop petite.

— Et raisonneuse à part ça! Je reconnais bien là une Monet.

— Pas Monet. Simonne! grand-papa.

Dominique Monet, 1912.

Autrefois, sur le terrain de mes grands-parents, il y avait une volière et des canards dans un étang, près de la maison. Tout autour de vieux arbres. Rien de tout cela n'existait plus. On avait coupé les arbres pour ouvrir un grand boulevard près de la Villa St-Jean. C'était la maison de retraite fermée des Jésuites où mon cousin Jacques Monet a célébré sa première messe. On avait abattu le gros bouleau, un frêne et des érables argentés. Le chêne qu'affectionnait ma grand-mère avait aussi été coupé. Sa couche mesurait environ trente pouces de diamètre.

Du plus profond de moi, j'ai forcé ma mémoire à se souvenir. Je ne veux pas que les ans, la neige et de froid gèlent ma mémoire... J'ai revu aussi le canot...

— Reviens Simonne. Si je t'emmenais avec moi en canot sur le canal Chambly? On irait vers l'Ile Sainte-Thérèse.

— Maman ne voudra pas, grand-papa. Elle a trop peur de l'eau. Vous souvenez-vous qu'elle a failli se noyer avec papa, juste ici en canot au bord du canal?

— Alors retourne voir ta mère à la maison. Mais ne va pas là-haut dans la tourelle fouiller dans ma bibliothèque, dans mes livres. Il n'y a pas de livres d'images là. Demandes-en plutôt à ta grand-mère. Tu es toute petite et déjà si curieuse! Mais ce n'est pas un défaut. Tu sais, ma petite Simonne, je t'aime bien. Tu es ma première petite-fille. Plus tard, quand je ne serai plus un juge, mais un grand-papa en repos, j'écrirai pour toi mes mémoires.

— Des mémoires? Qu'est-ce que c'est?

— Enfin... J'écrirai mes histoires, des histoires...

Il n'a pas eu le temps d'écrire pour moi «ses mémoires», ses histoires, son histoire... Pour honorer sa mémoire, devrais-je le faire? De la tourelle de ses souvenirs, de mes souvenirs...

Mon grand-père avait eu à présider le premier procès d'un prêtre, l'abbé Adélard Delorme, accusé du meurtre de son frère Raoul. À la surprise générale, ce procès portait non pas sur l'accusation de meurtre, mais sur l'incapacité mentale de subir un procès. Ce fameux procès s'était ouvert à Montréal le 15 juin 1922. Au cours de son adresse au jury, Dominique Monet, alors juge de la Cour supérieure avait déclaré: «Il faut que vous considériez l'accusé qui est devant vous, non comme un prêtre, mais comme un citoyen ordinaire, un accusé purement et simplement».

Dominique Monet, 1921.

Le poids des pressions et des influences cléricales exercées alors publiquement, durant les débats judiciaires soulevés par la douteuse affaire Delorme, a fortement pesé sur ses épaules d'honnête magistrat. De là est venue, en partie, sa réputation de «libre penseur».

Angoissé, surmené par ses graves responsabilités civiques, mon grand-père mourut subitement, six mois plus tard, d'une crise cardiaque. Il était seul dans sa cabine, à bord d'un bateau de croisière, à Porto Rico, aux Antilles. Son médecin l'avait forcé à prendre des vraies vacances, du repos, loin des Assises de la Cour supérieure, en dehors du pays. Il venait d'avoir cinquante-huit ans.

En ce 17 octobre, le mot «tourelle» me revenait en mémoire avec insistance. Ce n'est pourtant pas un mot qu'on utilise souvent. Aujourd'hui, la tourelle devient pour moi la tour d'une prison, un endroit inconnu où Michel est détenu.

«Là-haut, dans la Villa des Tourelles
là-haut, dans la tourelle
là-haut, dans la montagne
les loups vont en canot»... ou **«les loups sont en canot»**
je ne savais plus très bien...

J'ai revu la chasse-galerie. Ça tournait dans ma tête. Ça bourdonnait dans mes oreilles. J'étais épuisée, ébranlée par ces douze heures d'émotions très fortes. Touchée à vif...

J'avais voulu retourner à mes plus lointains souvenirs en me rendant, en marchant sur les lieux de ma toute petite enfance, en quête de moi-même. Je ne croyais pas y réussir mais j'y tenais. Je voulais tellement retrouver cette petite fille Monet, cette Simonnette qui avait grandi au bord du canal Chambly et de la rivière Richelieu.

Je suis repartie de St-Jean, très très lentement pour me rendre à Chambly Bassin, où toute petite j'avais habité un seul été. J'ai reconnu la maison, j'ai marché un moment près du ruisseau... De là, suivant la petite rivière Montréal, je me suis rendue à Beloeil où j'ai vécu vingt beaux étés. Toute ma jeunesse...

Là encore, sur notre ancien terrain, sur notre ancienne galerie de bois maintenant transformée, devenue étrangère, j'ai marché, marché, à pas feutrés, sans bruit, pour ensuite m'asseoir paisiblement sur les marches du perron d'en avant, face à la rivière endormie. J'ai cherché le kiosque; on l'avait démoli.

Je n'étais pourtant plus «Chez-Nous» sur cette galerie; mais la vue de la rivière et du Mont St-Hilaire, éclairée par un lampadaire me rendait le paysage tellement familier.

Là, doucement et longuement, j'ai pleuré, pleuré... Sur notre ancien terrain de Beloeil, on avait là aussi coupé des arbres. Les épinettes, les pivoines et le vieux cenellier avaient été rasés. À leur place, des trottoirs de ciment et des clôtures de métal délimitaient le terrain du nouveau propriétaire. Je me sentais cernée. À nouveau, j'entendis dans la nuit froide et lugubre de cette mi-octobre, le vent hurler, gémir, symbole de mon coeur peiné, angoissé. Je frissonnai.

Mont Saint-Hilaire et kiosque vus de la maison de Beloeil, 1930.

Combien de temps suis-je restée là, transie, tourmentée, dévastée, presque démente? Je ne sais... Ma situation était par trop absurde. De compagne d'un militant syndical, d'un défenseur des droits et libertés, j'étais devenue, par la force d'un Pouvoir autoritaire, la femme d'un prisonnier politique.

Quand je m'en allai, c'était l'aube, le petit matin. Et quel petit matin! Froid, gris, pluvieux, sombre. Michel, lui, était «à l'ombre», en prison... Où? À qui et à quoi pensait-il? Comment se comportait-il au-dedans? Mystère! Le saurais-je jamais? Lui, «In communicado». Moi, seule. Je décidai de rentrer à la maison, lentement. Déjà, des automobilistes nerveux se rendaient au travail. Je ne roulais pas assez vite à leur gré. Je risquais un accident.

La maison de Richelieu me parut immense. Immensément grande comme ma peine. Et si vide... Pour l'habiter, il me vint une idée. Je descendis au sous-sol à la recherche des coffres contenant mes souvenirs de famille.

Je savais que j'avais dans ces coffres un précieux patrimoine. Je l'avais réclamé en héritage mais je n'y avais pas touché, trop affairée depuis des années et des années par les responsabilités de l'exigeant quotidien familial, de l'engagement social et politique.

MON 231 MON

député aux Communes de Londres en 1852; lord du Trésor sous Palmerston en 1857; vingtième gouverneur anglais du Canada en 1861. L'affaire du *Trent*, l'invasion des Féniens en 1866, l'établissement de la Confédération signalèrent son administration.

MONCKTON (*Robert*), (1776-1782), général anglais, originaire d'Irlande. Membre du Conseil d'Halifax en 1753; commandant d'Annapolis en 1754; il s'empara des forts Beauséjour et Gaspareau (Acadie) en 1755; lieutenant-gouverneur de la Nouvelle-Ecosse, il se prêta à l'odieuse déportation des Acadiens; commanda sous Amherst à Louisbourg en 1758 et à Québec, sous Wolfe, en 1759; commandant à Philadelphie en 1760; gouverneur de New-York en 1761, avec Rodney, il s'empara des Antilles. Rentré en Angleterre en 1763, fait, en 1770, lieutenant général et gouverneur de Plymouth.

MONCTON, district électoral de la prov. du Nouveau-Brunswick.

MONCTON, ville du Nouveau-Brunswick, située sur la rivière Peticodiac; centre ferroviaire. Aérodrome; archevêché depuis 1937; 23.000 h.

MONDELET (*Charles*), (1801-1876); avocat et magistrat, né à St-Marc-sur-Richelieu. Défenseur des accusés politiques en 1837; prisonnier politique en 1838; magistrat à Montréal, en 1844; juge à la Cour supérieure en 1849; à la Cour d'appel en 1859.

MONDELET (*Dominique*), (1799-1863), homme politique et magistrat, né à St-Marc-sur-Richelieu, frère aîné du précédent. Député de Montréal en 1831; membre du Conseil exécutif de la Province en 1832 et du Conseil spécial en 1838; juge au district de Trois-Rivières de 1842 à sa mort.

MONDELET (*Jean-Marie*), (1772-1843), notaire et homme politique, né à St-Marc. Député de Montréal en 1804; magistrat à Montréal en 1810; colonel de milice en 1814; président de la Cour des sessions de la paix en 1821-1824; notaire du roi, 1821-1827.

MONET (*Dominique*), (1865-1923), avocat, homme politique et magistrat, né à St-Michel-de-Napierville. Député de Napierville à la Chambre des communes en 1891, et de Laprairie-Napierville, 1896-1904; avec Tarte et Bourassa, il se sépara de son parti en 1899 sur la question de l'envoi de troupes au Transvaal; député de Napierville à Québec et ministre des Travaux publics à Québec (1905); protonotaire de Montréal,

1905-1908, juge à la Cour supérieure en 1908, il siégea surtout aux Assises.

MONET (*Amédée*), (1890-1946), magistrat, né à St-Remi-de-Napierville, fils du précédent. Député de Napierville à l'Assemblée législative en 1918. Juge à la Cour des Sessions de Montréal de 1922 à sa mort. *1946*

MONET, village de la prov. de Saskatchewan (Rosetown), 1.200 h.

MONIALES BÉNÉDICTINES (*les*), congrégation fondée en France en 1866 par Dom Guéranger. But: vie contemplative. Maison canadienne établie à St-Eustache en 1937.

MONIC (*Joseph de*), (fl. 1675-1703), capitaine des troupes; servit sous Denonville en 1697; commandant à Plaisance en 1697; gouverneur de Terre-Neuve, 1698-1703.

MONIER (*Jean*), (1847-1918), journaliste, né à Nantes, venu au Canada en 1872. Rédacteur à l'*Etendard*, au *Monde*, et à la *Presse*. Fondateur du *Prix courant*.

MONK (*James*), (1745-1826), magistrat, né à Boston. Avocat général de la Nouvelle-Ecosse en 1774; procureur général de la P. de Q., 1776-1789, et du Bas-Canada en 1792. Juge en chef de la Cour du banc du roi à Montréal, 1794-1824; membre des Conseils législatifs et exécutif de la province (1794); président du Conseil législatif en 1802 et 1815-1817; administrateur de la P. de Q., 1819-1820.

MONK (*Samuel-Wentworth*), (1792-1865), administrateur, né à Windsor (Nouvelle-Ecosse), neveu du précédent. Protonotaire de Montréal pendant cinquante ans.

MONK (*Samuel-Cornwallis*), (1814-1888), magistrat, né à Halifax, fils du précédent. Juge à la Cour supérieure en 1866, et à la Cour d'appel en 1868.

MONK (*Frederick - Debartzch*) (1856-1914), avocat et homme politique, né à Montréal, fils du précédent. Député de Jacques-Cartier à la Chambre des communes, 1896-1914; leader des conservateurs, 1900-1912; ministre des Travaux publics du Canada en 1911; démissionnaire en 1912.

MONKLAND, résidence, à Montréal, de l'ancien juge James Monk, puis des gouverneurs du Canada, 1844-1849; aujourd'hui, maison d'éducation supérieure pour jeunes filles (*Villa-Maria*), dirigée par la Congrégation de Notre-Dame.

MONNAIE DE CARTE, papier-monnaie que le gouvernement de la Nouvelle-France substitua aux espè-

Tiré de la deuxième édition du *Larousse canadien complet*, 1955.

Accroupie, je fouillai fébrilement dans les vieux coffres et découvris des coupures de presse et des documents d'intérêt politique rédigés par mon père et mon grand-père. Celui-ci, élu à la Chambre des Communes sous Laurier, s'était opposé avec Henri Bourassa et quelques autres députés du Québec à la participation du Canada, auprès de la Grande-Bretagne, à la guerre contre les Boers. C'était sous le règne impérialiste et colonialiste de la reine Victoria.

Il y avait aussi des observations et des déclarations anti-conscriptionnistes de mon père, alors étudiant, lors de la première grande guerre. De plus, je trouvai un dossier contenant les discours, activités et déclarations de Michel à l'occasion de la campagne de la Ligue pour la Défense du Canada, en 1941-42, mouvement québécois contre l'impérialisme britannique et anti-conscriptionniste.

La lecture, même hâtive, des textes de ces trois hommes publics, démocrates et indépendants d'esprit, me ramena à l'horrible réalité de cette toute récente Loi des mesures de guerre votée par le Parlement canadien. Selon moi, cette loi odieuse n'était pas synonyme de justice, loin de là. Elle ne m'apparaissait d'aucune façon justifiable. C'était de la part du gouvernement un abus de pouvoir, un coup de force avec une apparence de légitimité. Pierre Elliot Trudeau en était très conscient. «Il faudra organiser des mouvements de pression pour la défense des droits fondamentaux des citoyens» me suis-je dit.

Épuisée par le choc de l'arrestation de Michel, de mon pèlerinage sentimental et politique à travers les lieux et le temps, je replaçai le tout tant bien que mal et remontai à ma chambre d'épouse d'où l'époux avait été enlevé... Il y avait déjà vingt-quatre heures de cela.

J'avais vécu tout ce temps, intensément, sans même réaliser que je n'avais ni mangé ni dormi. Mais grâce à ce pèlerinage, je m'étais retrouvée vivante héritière d'une lignée d'hommes et de femmes de caractère, fiers et indépendants d'esprit: des dissidents politiques.

J'étais redevenue Simonne Monet.

> «**Michel! Maintenant, je te rejoins à nouveau**
> **Je t'épouse à nouveau Michel Chartrand**
> **dans la Résistance**
> **Par la puissance de l'amour**
> **et la force de la solidarité**».
> **Je suis Simonne Monet Chartrand.**

Prison de Parthenais,
2 février 1971.

À toi, ma femme!
Je vais bien
Sois heureuse autant que faire se peut
La trop grande activité est épuisante physiquement
et moralement
Arrête-toi
En toi
Tu y retrouveras des richesses insoupçonnées
que ton amour et le nôtre y ont déposées.
Je t'embrasse et
je t'envoie un poème de notre ami Gaston Miron,
tiré du livre que tu m'as fait parvenir ici, dans ma solitude:
L'Homme rapaillé. Le fragment s'intitule:
«La marche à l'amour»

Michel

je marche à toi
je titube à toi
je meurs de toi jusqu'à la complète anémie
lentement je m'affale tout au long de ma hampe
je marche à toi, je titube à toi je bois
à la gourde vide du sens de la vie
à ces pas semés dans les rues sans nord ni sud
à ces taloches de vent sans queue et sans tête
je n'ai plus de visage pour l'amour
je n'ai plus de visage pour rien de rien
parfois je m'asseois par pitié
j'ouvre mes bras à la croix des sommeils
mon corps est un dernier réseau de tics amoureux
avec mes doigts des ficelles de souvenirs noués
je n'attends pas à demain je t'attends
je n'attends pas à la fin du monde je t'attends
dégagé de la fausse auréole de ma vie

Gaston Miron

LIBRE ET FOU

Paroles et musique: Claude Gauthier

Tout comme un enfant en pénitence
dans chaque prison il y a toujours un homme
en train de chanter sa résistance
libre et fou comme un homme...

Toi oh! toi Simonne
tu sais qu'on grisonne
d'être un peu fou
Toi dans mon silence
Moi dans ton absence
j't'aime comme un fou
j'aime jusqu'au bout
j't'aime libre et fou...

Mais tous ceux qu'on met en pénitence
ne sont pas toujours dans les prisons «bonhomme»
Dans le cachot de leur existence
libres et fous y a des hommes...

Vous les patriotes
Vous les Don Quichotte
D'un monde à bout
Vous mes camarades
vous les «mange d'la marde»
j'suis avec vous

debout debout
jusqu'au bout
debout debout
libre et fou...

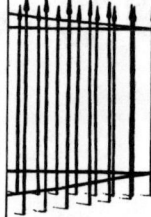 

La rivière Richelieu

Photo: Alain Scott.

Les arbres de Michel

C'est la fin d'avril. Mai s'annonce beau, les arbres de Michel commencent à bourgeonner. Les érables, les peupliers, les bouleaux et les saules pleureurs, bien enracinés depuis huit ans maintenant; les pins, les mélèzes, les marronniers, les cèdres et les épinettes sont tout jeunes et encore fragiles...

Ces arbres, qu'il a plantés avec tant de ferveur, croissent et forment un peu la seconde famille de Michel. Symboles de son besoin de procréation et de mouvement. Je trouve même qu'ils lui ressemblent. Les peupliers, droits, fiers et volontaires. Les saules, un peu repliés vers l'intérieur comme pour un retour aux sources, semblables à l'homme d'âge mûr, plus silencieux. Peu de gens connaissent les grandes capacités de silence et de méditation de Michel Chartrand...

Tous les arbres fruitiers, Michel a tenu à les faire pousser devant les grandes fenêtres de la cuisine pour que j'aie le plaisir de les voir de près et souvent. Cerisiers sauvages, pruniers, pommetiers à feuilles rouges; tous ces arbres, il les a plantés mais vraiment plantés. Il a soigneusement étudié le sol sablonneux et pauvre, choisi lui-même les plants, les variétés d'arbustes et d'arbres. Puis, bêché, creusé, arrosé et planté. Cela avec l'aide de nos grands enfants et d'amis intimes. Ces arbres m'apparaissent comme le fruit de sa propre fécondité, de sa force musculaire, de sa détermination et de son énergie.

Chaque matin et en toute saison, Michel prend le temps de faire lentement le tour du terrain. Il s'approche de chacun de ses arbres, les examine, les touche, s'inquiète ou se félicite de leur état de santé. Puis, avant de se rendre à la ville, il longe en automobile les trois rues qui bordent notre terrain pour jeter sur eux un coup d'oeil observateur et affectueux.

Une partie du terrain, à peine défriché il y a dix ans, est devenue, grâce à lui, un parc remarquable. Mais ce qui m'émeut le plus, à propos de Michel et de ses arbres, c'est la façon dont il m'en parle:

— L'hiver ne les a pas trop affectés, le gel ne les a pas trop affaiblis; mais les ormes, le chêne et les marronniers ont eu de la misère...

On dirait entendre une mère se réjouir de ce que son enfant n'ait attrapé que des rhumes mineurs, et non la bronchite ou la coqueluche durant la froide saison!

— Nous allons de nouveau perdre un vieil orme, malade lui aussi. C'est bien triste.

Quand Michel parle de ses arbres, il emploie quelquefois le même langage que lorsqu'il s'informe de mon propre état de santé:

— Comment ça va Simonne? Et l'arthrite? Et les insomnies? Le printemps puis bientôt l'été avec son soleil vont te revigorer, te faire du bien, comme aux arbres.

— Je l'espère bien.

Pour moi, la vie végétale, animale, humaine, c'est comme l'amour; il faut l'entretenir, la faire grandir, l'embellir. La Vie est si fragile...

Photo: Alain Scott.

La Maison notre Maison leur Maison

Photo: Dominique Chartrand

J'ai choisi, conjointement avec Michel, de vivre l'âge mûr face à Chambly sur la rivière Richelieu, dans une vieille maison de ferme, réaménagée selon nos goûts et nos besoins. Cette maison est extraordinairement bien située. Nous y vivons ensemble et trouvons un grand plaisir à l'habiter.

Par six fenêtres françaises à carreaux pénètre la lumière, une lumière qui transperce les vitres amincies et colorées par le temps. De la galerie, nous voyons les monts isolés de St-Hilaire, St-Bruno et Rougemont ainsi que les champs cultivés de St-Mathias où paissent des troupeaux.

Il m'a toujours fallu vivre à la campagne pour jouir du changement des saisons, regarder éclore les bourgeons, apprécier la neige blanche, le vert du gazon et les couleurs flamboyantes des feuilles d'automne.

Ma vie est ici. Nos enfants viennent à la maison avec leurs conjoint(e)s, leurs enfants, leurs ami(e)s. J'y suis chez moi, ils y sont chez eux.

LE COEUR INNOMBRABLE

Si tu veux, nous ferons notre maison si belle
que nous y resterons les étés et l'hiver
Nous verrons à l'entour fluer l'eau qui dégèle
Et les arbres jaunis y devenir verts.

Les jours harmonieux et les saisons heureuses
Passeront sur le bord lumineux du chemin
Comme de beaux enfants
Dont la bande rieuse s'enlace en jouant
Et se tiennent la main.

Un rosier montera devant notre fenêtre
Pour baptiser le jour de rosée et d'odeurs.

Le frivole soleil et la lune pensive
qui s'enroulent au tronc lisse des peupliers
Refléteront en nous leur âme lasse ou vide
Selon les clairs midis et les soirs familiers

Nous ferons notre coeur si simple et si crédule
Que les esprits charmants des contes d'autrefois
Reviendront habiter dans la vieille pendule
Avec des airs secrets
affairés et courtois.

Pendant les soirs d'hiver
pour mieux sentir la flamme
Nous tâcherons d'avoir un peu froid tous les deux
Et de grandes clartés nous danseront dans l'âme
À la lueur du bois qui semblera joyeux.

Émus de la douceur que le printemps apporte
Nous ferons en avril des rêves plus troublants
Et l'amour sagement jouera sur notre porte
Et comptera les jours avec des cailloux blancs.

Anna de Noailles
poème offert à Michel, mon compagnie de Vie

Ma Vie est tissée de l'amour reçu et donné
Ma Vie est rivière

Elle vient
Elle va
S'étire
S'allonge
S'élargit
Devient un bassin tout rond
Comme une lune pleine
Comme une femme
Je vais à leur rencontre

Je vis près de la rive
Tantôt sur l'une
Où grandissent mes enfants
Poussent mes petits-enfants
Tantôt sur l'autre
Où je regarde les cascades
Écoute le bruit des chutes
Je travaille à mon épanouissement
À la recherche de la sérénité
La rivière coule en moi
Me féconde
Me ravit
Ma Vie
Tissée de l'amour reçu
Donné
À venir
Sur le métier des rives intérieures
Ma Vie comme rivière

Texte dédié à Dominique
en ce 9 juillet 1978,
pour son anniversaire de naissance.

Sculpture: Georges Bétournay
Photo: Dominique Chartrand

L'eau de la rivière

Durant vingt-cinq ans, de 1942 à 1967, Michel et moi, d'abord seuls, puis avec nos enfants, avons habité tour à tour Montréal-Sud, Boucherville, Varennes et Longueuil. Toujours face au fleuve St-Laurent. Depuis 1967, nous habitons la petite ville de Richelieu face à la rivière qui, à maints endroits, est très accidentée: remous, cascades, gros bouillons, puis une chute près du barrage. Là, le courant est très fort et agité de tourbillons violents, de rapides.

Par toutes les fenêtres de la maison, la rivière nous apparaît avec des luminosités variantes selon le temps et la saison. De la galerie d'en avant, à travers le feuillage des arbres de la rive, on aperçoit le Fort et le bassin de Chambly. En hiver, les branches sont parfois givrées, de couleur gris-bleu, aux reflets de perle.

Ces jours-ci, la couche de glace vient de se rompre. À cause des giboulées de mars et des pluies torrentielles d'avril, des blocs de glace sont emportés par la force du courant. C'est la débâcle sur la rivière Richelieu. Cette rivière, c'est ce qui ressemble le plus à ma Vie... À ses quatre saisons.

Photo: Alain Scott.

Ma Vie comme rivière

Photo: Alain Scott.

Dans ma Vie, il y a eu et il y aura encore, sans doute, des moments de joyeuse exaltation, des bonheurs intenses, des joies profondes, des rires en cascades, mais aussi, et comme pour tout le monde, des accidents de parcours, des maladies, des mortalités, des épreuves. J'ai vécu des moments épouvantables, des souffrances intenses lors des emprisonnements injustifiés de Michel, sous prétexte de radicalisme politique et de violence verbale. Et puis, lors de la mort subite, accidentelle et tragique de notre fille Marie-Andrée.

J'ai vécu et je vis encore sous le signe de l'eau courante, mais à contre-courant, à contre-vent. Ma Vie se situe et se déroule dans la ligne du risque...

Choisir de rompre avec un milieu bourgeois pour devenir la compagne de Michel, «pour le meilleur et pour le pire». Opter avec Michel, dans un esprit de revendication et de pauvreté, de nous associer aux luttes des citoyens et citoyennes les plus défavorisés d'ici et d'ailleurs. Décider de militer dans les partis politiques à bâtir, dans des partis d'opposition. Combattre les structures légalistes, bureaucratiques du régime capitaliste. Essayer de bâtir ici une société socialiste, c'était et c'est encore aller au devant des difficultés, «courir après le trouble». Provoquer des débâcles, des éclatements. Susciter des bris et bruits. Des chocs et contrecoups. Aussi je ressens souvent le besoin impérieux d'aller retrouver ma source, mon inspiration première, mes jeunes amours.

Précipitée à travers le temps à une allure vertigineuse, tout au long de nos années de vie commune, bousculée dans ma façon d'être et dans mes comportements, ma personnalité s'en est trouvée affectée et transformée, quoique mes convictions profondes soient demeurées fondamentalement les mêmes.

De toute ma Vie de femme, je n'ai eu qu'un «caprice», qu'une exigence matérielle: choisir un habitat, habiter une maison face à l'eau. Deviner la présence de l'eau, l'entendre couler, la sentir, la voir. Caprice de riche ou exigence de pauvre? Qu'importe! Ce que je sais, c'est que j'ai toujours préféré la contrainte des problèmes personnels et familiaux de transport de la banlieue à Montréal, à l'absence de grands espaces, de cours d'eau.

C'est en regardant l'eau courante, en y touchant, que je puise et renforce mon sens de la conciliation et de la réconciliation entre les divers courants de pensée et d'action qui s'entrechoquent: les traditionnels et les progressistes.

Depuis toujours je me pose une grave question: que faire devant la violence des affrontements, des conflits de générations, d'opinions, de religion? Mes réponses varient selon les situations, les circonstances; mes attitudes aussi.

La violence, je la crains toujours. Dans mes relations avec autrui, je cherche à l'éviter. Parfois je dois lui faire face. Les situations de conflit: grève, séparation, divorce, guerre et autres, témoignent à la fois d'un malaise intérieur, individuel et social. Elles témoignent aussi de structures et de lois désuètes, inadaptées aux réalités en cours de changement.

Si, sous prétexte de préserver un semblant de tranquillité et une bonne entente factice entre les gens d'âges et de sexes différents, entre toutes formes de domination et les opprimés, je contribue à réprimer la libre expression des dissidents, «en mon âme et conscience» je me rends alors complice des manifestations possibles de violence. J'essaie plutôt de canaliser les forces dynamiques de liberté, d'agressivité et de violence quand celles-ci sont justifiées.

À mon sens, les inévitables tensions et honnêtes affrontements entre les tenants d'idées, d'objectifs différents, tant au sein des couples que des groupes sociaux-politiques et nationaux peuvent avoir une fonction positive de déblocage, d'éclairage et de libération.

Par contre, les attitudes intolérantes et intransigeantes mènent les relations humaines à des impasses, à des voies sans issue. Les personnes, les entreprises ou les gouvernements qui se comportent et réagissent ainsi, rejettent toute nouvelle analyse. Ils détruisent la **possibilité d'évolution, de négociation, de cheminement lucide et dynamique. Ils sont brutaux, violents et négatifs.** Ils écartent la lumière, se réfugient dans l'obscurantisme, l'entêtement.

Par tempérament, j'ai horreur de la dispute, des querelles, des conflits de tout ordre. J'essaie de comprendre l'origine, le sens de leur existence et de prévoir leurs conséquences. Je suis toujours à la recherche d'un règlement pacifique. Je sens l'impérieuse responsabilité d'intervenir pour établir ou rétablir la communication.

Sans sectarisme, sans dogmatisme, je suis ouverte aux changements libérateurs. Je suis également sensible à la valeur du difficile vécu quotidien, à l'humble enseignement des générations qui nous ont précédés, qui nous ont mis au monde et légué un héritage moral des plus précieux. Voilà pourquoi je m'imprègne constamment de la vue de l'eau, de reflets et sonorités de la rivière. Son mouvement m'aide à me réconcilier avec les gens et les événements.

Avec moi-même aussi.

Photo: Alain Scott.

«L'eau est un filtre», dit Michel.
C'est vrai; l'eau filtre mes sensations, mes réflexions, mes pensées.
Me purifie.
M'apporte l'espérance de la survie.

Le vent

Le vent aussi est intimement lié à ma façon de respirer, de vivre. Il a sur moi une grande influence à la fois physique et psychologique. Quand j'étais toute petite, les rafales de vent me faisaient très peur. Le claquement des «jalousies» me réveillait les soirs et les nuits d'orage. Même si ma mère venait me rassurer, le vent me troublait.

Une nuit, lors d'un gros orage électrique, le tonnerre est tombé avec fracas près de la cabane de la chèvre, au bout de notre terrain. Et la cabane, par la violence et la puissance du vent, a été emportée jusqu'à la rivière. La chèvre a dû se noyer; nous ne l'avons jamais retrouvée et j'ai eu beaucoup de chagrin...

Photo: Alain Scott.

Durant toutes les vacances de mon enfance et de ma jeunesse passées à Beloeil, j'ai toujours eu l'impression que le Mont St-Hilaire attirait spécialement le tonnerre qui grondait, me semblait-il, plus fort qu'ailleurs. De la maison, on voit la face rocheuse de la montagne: elle m'a toujours paru sévère.

Le grand vent, les orages m'angoissent encore aujourd'hui; mais non la pluie. «Petite pluie abat grand vent», «La pluie du matin réjouit» disent les proverbes. Mon père m'a appris très jeune à observer ces phénomènes de la nature, à regarder l'éclair en face, à écouter rouler les grondements prolongés du tonnerre, à trouver beau le déchaînement d'un orage, à ne pas craindre la décharge électrique de la foudre, l'explosion du tonnerre et la lumière subite de l'éclair, à dominer la peur de l'orage et bien d'autres peurs: celle de l'obscurité, de la solitude, de la police, de la pauvreté, de la maladie et de la mort.

Chez moi, l'angoisse et la peur sont des états d'esprit différents; quoiqu'ils s'associent parfois, mais de façon temporaire.

Depuis toujours, les plaintes et les sifflements m'angoissent. Le vent furieux, le déchaînement brusque des éléments naturels, les changements météorologiques soudains me troublent profondément. Physiquement, ils ébranlent mon rythme cardiaque et respiratoire. Moralement, ma sérénité et mon équilibre. Ces déchirements, je les éprouve, je les ressens comme des amours illicites qui attirent, fascinent, érotisent en même temps qu'elles bouleversent et parfois culpabilisent. Le vent violent affecte mon équilibre, me coupe la respiration et m'attriste l'âme.

Et la mer?

La mer

La mer et ses vagues fougueuses évoquent en moi de merveilleux souvenirs de vacances: la majestueuse et envoûtante côte de la Gaspésie, le fleuve large comme la mer, les douces et nombreuses plages de sable de la Nouvelle-Angleterre et la superbe Méditerranée de mon trop court séjour à Beyrouth au Liban.

Mais je ne pourrais vivre constamment face à la mer. Elle est trop violente et sournoise. Ses fortes vagues, le rythme de ses marées m'irritent. Sa puissance m'agresse, me rend vulnérable, et m'impressionne par sa force et sa beauté. Ce n'est pas cette eau que j'aime, c'est l'eau de la rivière en mouvement.

«Il n'est pas pire eau que l'eau qui dort.»

L'eau de la rivière Richelieu, face à ma maison, est une eau qui court.

L'eau de la rivière par la réflexion de sa lumière et de sa couleur propres rejoint ma sensibilité.

Je suis et je vis à son image, sous son influence, ma Vie de femme en mouvement, ma Vie comme rivière.

Photo: O.N.F.

Les grandes personnes

*Rien n'est insignifiant
Ton enfance aussi a un sens
À toi de le trouver
Et de nous le faire sentir*

Simone de Beauvoir
Les Mandarins

Simonne et Roger avec leur mère Berthe Alain Monet.

Anecdotes d'enfance

Je suis née à Montréal, le 4 novembre 1919, à l'Hôpital de la Miséricorde. Mon père m'a raconté qu'après avoir embrassé et félicité maman et m'avoir souri à travers la vitre de la pouponnière, il sortit de l'hôpital pour reprendre son automobile; à sa grande surprise, elle était toute recouverte de neige. La première neige de l'année!

J'ai peu de souvenirs de ma petite enfance à Montréal, au 6726 St-Denis, si ce n'est le plaisir et l'excitation d'avoir inventé des séances et joué des rôles, surtout avec mon frère Roger et ses amis, Yvon et Colette Perras, les enfants de notre propriétaire qui habitaient au premier étage et quelques autres enfants des maisons avoisinantes.

J'ai aussi gardé le souvenir des déguisements, des costumes empruntés à la garde-robe familiale, des étoffes et retailles de tissu «chipées» dans les paniers de couture, les paniers d'osier de ma grand-mère Alain.

J'aimais les rubans, les robes amples de maman qui me faisaient paraître plus ronde et plus grosse car j'étais bien attristée d'être maigre et de me le faire répéter si souvent:
«T'es donc maigre! Une vraie échalote!»
«Ma pauvre petite! Tâche d'engraisser. Mange au lieu de rêver!»

Les hangars, sorte de rallonge à l'arrière des logements de la rue St-Denis, servaient de salles de répétition pour notre théâtre. Les escaliers y conduisant les reliaient entre eux. On y courait et riait beaucoup.

Les garçons n'aimaient pas jouer longtemps avec les filles. «Elles bavassent et placotent trop. Elles catinent et au lieu de dire des tirades, elles pleurnichent pour rien.» Souvent, ils nous laissaient à nos habillages pour, ensemble, s'adonner à des jeux plus violents, «des jeux de gars», ou pour jouer au prêtre avec les accessoires et vases sacrés de leur petit autel reçu en cadeau de Première Communion. Ils s'exerçaient à faire des sermons.

* * *

Tous les sons m'impressionnaient beaucoup. Les voix étranges, fortes, drôles et nasillardes des crieurs publics: celles des «guénilloux» dans les ruelles, celles des marchands de légumes et de glace en gros cubes. Aussi les hennissements du cheval du laitier et les bruits familiers du tramway St-Denis.

* * *

À travers ces joyeux souvenirs d'enfance, un incident souvent répété et celui-là plus tragique, me revient souvent à la mémoire. Il s'agit de la lecture à haute voix par mon père, à son ami le propriétaire de notre logement, de lettres anonymes de prisonniers, écrites par vengeance, contenant des menaces de mort. La peur qu'un prisonnier évadé ne vienne, à la noirceur, assassiner mon père, près du garage de la ruelle, a assombri par moments ma petite enfance.

Un autre mauvais souvenir: les fréquentes sonneries de téléphone qui m'éveillaient brusquement la nuit. Papa se levait, prenait l'appareil, posait de brèves questions à voix basse et finalement disait d'une voix plus forte: «Libérez-le sous caution, $100. Qu'il se présente à la Cour demain, à 10 heures». Ces mystérieux policiers, détenus et prisonniers me semblaient menacer la tranquillité de mon père. Ils troublaient aussi ma tranquillité.

* * *

Par ailleurs, j'ai en mémoire beaucoup d'anecdotes et d'incidents vécus durant les étés à la campagne.

J'avais trois ans et demi quand mon père acheta à Beloeil, face à la rivière, une grande maison de bois, peinturée blanche, avec des persiennes vertes. À l'arrière de notre terrain, s'étendaient les champs de patates et de blé d'Inde du cultivateur, son étable, son poulailler; plus près de la maison, son immense jardin.

Mes parents recevaient beaucoup d'amis. Heureusement, les provisions de table: lait, oeufs et légumes, étaient à portée de la main, fraîches et savoureuses, chez notre voisin et ami. La famille Bourgeois, — grands-parents, parents et grands enfants — m'avait adoptée... Ils me laissaient circuler librement dans leurs bâtiments. Je pouvais poser des questions sur le pourquoi et le comment de la naissance du petit veau, sur la poule et l'oeuf...

Tous les étés, ils louaient leur grande maison de briques voisine de la nôtre à des citadins, «résidents d'été». Ils habitaient alors, de juin à septembre une très modeste maison de bois qu'ils avaient construite «à temps perdu...» Pour eux, c'était leur chalet d'été. Cultivateurs, ils vivaient presque tout le temps dehors...

Chaque année, de mai à octobre, nous habitions la maison de Beloeil, mes parents, mon frère Roger et moi avec les deux grands-mères. Plus tard, mon jeune frère Amédée y est né. Heureux temps!

Notre paysage quotidien était celui de la montagne, de la rivière et des champs cultivés. Ils me paraissaient immenses. On y faisait les foins. Et tout autour de notre terrain, des arbres: vieux ormes, érables, trembles, chênes, frênes, hauts sapins très verts, épinettes bleues à longues aiguilles. Des arbres fruitiers aussi: cerisiers, cenelliers, groseilliers. J'aimais beaucoup les groseilles vertes. Je les mangeais crues; maman en faisait un délicieux sirop ou des confitures. Un vrai régal!

Nous n'avions que des pommetiers; les vrais pommiers se trouvaient dans les vergers des Monts St-Hilaire et Rougemont. En famille, nous y allions souvent à l'automne ainsi qu'au lac Hertel, situé dans la montagne.

Tout au bas de l'immense galerie de bois, des capucines et des pensées veloutées de toutes les couleurs, des pétunias, qu'on appelait des «Saint-Joseph». De chaque côté du trottoir de bois menant de la rue à la maison, de gros plants de pivoines blanches et rouges et des sapins bleus, nombreux et bien plantés. Ici et là «des ronds» de fleurs vivaces.

Les nids d'oiseaux, la rosée matinale, les feux de feuilles et de quenouilles à l'automne ont fait partie intégrante des découvertes et des plaisirs de ma petite enfance, de mes paysages saisonniers.

Très souvent, assise dans notre kiosque de l'autre côté du chemin, ou sur le balcon du deuxième étage, je regardais passer les yachts de plaisance des riches Américains, en provenance du fleuve St-Laurent.

Venus des écluses de St-Ours, ils se dirigeaient vers les écluses de Chambly pour ensuite naviguer vers le lac Champlain.

Papa disait souvent: «Les gouvernements comme les grosses compagnies ouvrent à leur bénéfice une route, creusent un canal, construisent un barrage ou élargissent la rivière, le fleuve, les voies maritimes. Rien n'est impossible aux riches! Quant à nous, Canadiens français, nous n'avons qu'un canot et une grosse «Verchères» pour jouir d'une promenade sur la rivière. La richesse attire la richesse, la richesse va à la richesse comme l'eau va à la rivière.» «Les petits ruisseaux font les grandes rivières», mais les rivières elles?...

À Beloeil, le 20 août, c'était journée de célébrations. Cet été-là, la famille fêtait les sept ans de mon frère Roger et son entrée prochaine, en septembre, au Jardin de l'Enfance des Soeurs de la Providence.

Grand souper! gâteau de fête! soirée costumée! Un petit bal masqué et beaucoup d'invités; les enfants des parents et amis. À la fin du repas, Roger me tire par le bras et m'amène en cachette, en courant entre les sapins, vers la rivière puis me fait sauter dans la grosse «Verchères» qu'il pousse de toute la force musculaire de ses sept ans. Moi, j'en avais cinq et j'étais très frêle. Il me dit:

— Assieds-toi, vite, on va prendre les vagues! J'ai vu de la galerie venir un gros yacht américain.

— Mais, maman nous a défendu d'aller seuls en chaloupe. C'est dangereux. On va se faire disputer.

— Une fille, c'est donc peureux! Tais-toi et surtout ne crie pas.

Mais le yacht approchait à grande allure en ligne droite sur notre chaloupe, la coque fendant l'eau. Comble de malheur, dans sa précipitation, mon grand frère avait oublié de prendre les rames. Il n'avait pas tout à fait l'âge de raison...
— Simonne, couche-toi au fond de la chaloupe.

Nous étions secoués, ballottés en tous sens par les vagues. Du yacht, un bruit sourd comme provenant d'une corne, un klaxon, un sifflet d'alarme à répétition, signalait le danger. Mes parents, alertés par la sirène et inquiets à la vue de la scène, firent appel aux voisins pour nous rescaper. Le yacht allait frapper la chaloupe. Nous en fûmes quittes pour une sévère punition: «Chacun dans votre chambre, mettez vos pyjamas. Pas de mascarade pour vous deux! Nous discuterons demain de votre sottise. Vous nous avez fait mourir de peur!»

Je ne sais si j'ai eu plus de peine que de peur... Depuis, j'ai toujours cru bon, en allant sur l'eau en chaloupe ou en canot, de prendre des rames ou des avirons...

De la maison de mes grands-parents Monet à St-Jean d'Iberville, à douze milles des écluses du bassin de Chambly, je pouvais revoir les lourdes barges plates chargées de divers matériaux: bois, pulpe, grains, métaux, etc. Elles naviguaient sur la rivière Richelieu et s'arrêtaient au quai à Beloeil, près du vieux bureau de poste en pierre des champs, situé en biais avec l'église St-Mathieu. Ces mêmes barges étaient traînées par des chevaux qui marchaient péniblement sur la bande du Canal Chambly. Les pauvres chevaux! Je m'apitoyais sur leur sort et trouvais les hommes bien cruels.

Vers l'âge de douze ans, mes parents me firent cadeau d'une bicyclette à deux roues, d'une bicyclette d'adulte. C'était un objet de luxe pour une fillette dans les années 30. Audacieuse, j'entrepris de partir seule de Beloeil, sans avertir les grandes personnes, pédalant fort et longtemps, longeant la petite rivière Montréal jusqu'au golf de Chambly, puis par la rue Bourgogne, la rue principale jusqu'aux écluses. Je me suis assise tout essoufflée, épuisée, près des trois écluses du bassin de Chambly. J'avais fait un très long trajet.

Le gardien de cette écluse était un ami de papa, comme lui un Chevalier de Colomb du quatrième degré... Il m'a reconnue et questionnée:
— Comment es-tu venue ici?
— En bicyclette.
— Mais c'est de l'imprudence! Tes parents le savent-ils? Je vais les prévenir par téléphone. Ils viendront te chercher en auto. Tu es bien écervelée ma petite.

Sur ma demande, papa m'avait déjà amenée un jour en automobile à la résidence du gardien, près de l'écluse. Je voulais avoir des explications techniques, comprendre le fonctionnement mystérieux de l'eau qui montait et descendait.
— Vois-tu, ma petite, moi, mon rôle est «d'écluser les bateaux», dit le gardien-ingénieur. Construites en lourde maçonnerie, munies de portes et de vannes, les écluses servent à régulariser le cours d'eau pour le rendre navigable.

Après cette brève explication, je n'écoutais déjà plus le gardien. Je regardais l'eau du bassin de Chambly et celle du canal. Muette d'admiration, je demandais: «D'où vient-elle cette eau? Où va-t-elle?»

Papa me voyant redevenir rêveuse me dit:
— De retour à la maison, je te montrerai, sur la carte touristique, la géographie de la région du Bas et du Haut-Richelieu. Tu comprendras mieux le parcours de la rivière Richelieu entre notre maison de Beloeil et celle des grands-parents Monet, face au Canal Chambly, à St-Jean.

* * *

La rivière Richelieu a toujours joué le rôle d'un lien vivant entre les gens que j'aimais. J'ai toujours aimé la moindre goutte d'eau, sa légère agitation, son clapotement, aussi le ressac, le retour violent des vagues sur elles-mêmes lors du passage d'un gros yacht ou d'un bateau à deux ou trois ponts.

Parfois, quand il pleuvait, j'allais, encore en cachette de maman et au risque de m'enrhumer, naviguer dans la grosse chaloupe «Verchères», mais sans mon frère...

Des gouttes de pluie, fines ou lourdes selon la température, faisaient des ronds à l'infini dans la rivière. De retour à la maison, j'aimais regarder les gouttes de pluie faire des motifs de dentelle en glissant dans les larges fenêtres de la galerie vitrée. Face à elles ou près d'elles, je frémissais, éblouie. J'éprouvais alors un grand plaisir visuel et sensuel qui a décuplé avec les ans.

Aussi j'ai toujours trouvé à la fois normal et symbolique, qu'après sa naissance, un nouvel être humain soit ou ondoyé ou baptisé avec de l'eau. Non pour faire sortir Satan de son être — «Sors de là, Satan» — par des paroles d'exorcisme, mais en signe de bienvenue au monde, d'accueil, de purification.

«L'eau est un filtre», dit Michel.

Dans les années 30, curés et parents nous interdisaient, sous peine de péché mortel ou véniel, selon..., le port des costumes de bain le dimanche. La baignade aussi, il va de soi. «Pas de déshabillage le Jour du Seigneur! Vous avez tous les jours de la semaine pour vous baigner et vous exposer au soleil, presque nus. Il y a suffisamment d'immodestie comme ça sur semaine...»

Nous devions assister en famille à la messe du dimanche, puis malgré la chaleur, rester à la maison «endimanchés» toute la journée afin de recevoir convenablement vêtus, parents et amis de nos parents. Pas de tricotage non plus! Certaines coutumes observées dans «les bonnes familles» m'ont toujours agacée, brimée.

Alors, le dimanche, la rivière devenait un décor, un paysage, beau à contempler, mais de loin... Heureusement qu'aujourd'hui ces moeurs sont révolues. Mais l'eau est moins pure; elle est polluée. S'y baigner est parfois même un risque. L'homme détruit la nature au nom du progrès. Quel paradoxe! «C'est de la folie furieuse» de dire Michel.

Aujourd'hui, face à notre maison, la rivière Richelieu me rappelle mon enfance et ma jeunesse. Sa vue est un apport à ma sérénité.

Ma grand-mère paternelle: Marie-Louise Lahaie.
Broderie: Eva Monet.

Mes grands-mères

«De quoi les grands-mères peuvent-elles bien se parler?» se demande-t-on quand on est une petite fille de six ans qui cherche toujours à tout comprendre.

* * *

Grand-maman Alain:
— Chut! la petite est en haut, au-dessus de la grille du plancher du deuxième étage. Elle est très curieuse. Elle s'endort très tard. L'autre nuit, sa mère l'a trouvé endormie là-haut, sur la bouche de chaleur.

Grand-maman Monet:
— C'est vrai que Simonne cherche toujours la chaleur, elle m'emprunte souvent mes châles de laine. C'est à cause de son rhumatisme articulaire aigu. Elle a déjà fait deux crises. À cinq ans, c'est affreux! Et son médecin dit que le rhumatisme, ça fatigue le coeur. Du rhumatisme! Si jeune!

— À notre âge, ça se comprendrait...

— Moi aussi j'ai remarqué qu'elle est bien curieuse. Elle écoute toutes les conversations des grandes personnes. C'est une raisonneuse et une fillette nerveuse qui a trop d'imagination. Ça lui jouera de mauvais tours.

— Elle joue rarement à la poupée; elle passe son temps dans les livres d'images, dans les albums. Elle passe des heures dans les encyclopédies de la Jeunesse. Ce n'est pas normal. Elle ne sait pas jouer à la corde à danser, ni à la poupée, ni à la mère... Et pourtant je lui fais de si belles robes pour ses catins! Mais ça ne l'amuse pas de les habiller. Peut-être est-elle maladive? Elle fera sûrement de la neurasthénie ou de la tuberculose comme une de ses tantes.

— Notre petite Simonne est bien fragile. Amédée et Berthe s'en inquiètent et consultent souvent des médecins spécialistes.

— Ils ont bien raison. La tuberculose a atteint nos deux familles. On dit que c'est héréditaire, d'autres disent que c'est contagieux. Espérons que la médecine va trouver de nouveaux remèdes, sinon... cette maladie va faucher encore bien des vies.

* * *

Accroupie sur la grille de la bouche de chaleur, j'avais entendu la conversation de mes grands-mères. Toute courbaturée, je retournai dans mon lit, qu'une fois de plus je trouvai trop grand.

À l'heure du passage «du marchand de sable», un enfant prend un bien gros risque s'il écoute les conversations des grandes personnes. Il apprend tout à coup qu'il peut mourir tout jeune.

Je me suis alors demandé pourquoi les grands-mères, elles, vivaient si vieilles et pourquoi les grands-pères mouraient si jeunes. Pourquoi les grands-mères étaient-elles si souvent veuves et pauvres? Pourquoi venir au monde? Pourquoi être malade et ne pas pouvoir guérir? Que font donc les médecins et leurs hôpitaux? Ils ne devraient pas nous laisser mourir. Et le bon Dieu et notre bon Ange, pourquoi n'assurent-ils pas notre protection du haut du Ciel? Pourquoi avaient-ils laissé mourir le tout petit bébé dans le ventre de ma mère, et notre belle petite Jacqueline qui avait seulement trois mois. Pourquoi ont-ils tant fait pleurer ma mère? Pourquoi m'avoir enlevé ma petite soeur? Pour en faire un ange au Ciel? Nous la voulions, papa et moi, avec nous sur la terre, chez nous, dans notre maison. Mon Dieu, que j'aurais aimé avoir une grande soeur!

Gênée de poser toutes ces questions à mes grands-mères, inquiète de ne pas en connaître les réponses, pour me consoler je couchai ma chatte sur mon ventre sous les couvertures, même si c'était défendu. Elle ronronnait et me réchauffait. J'étais moins seule.

* * *

— Simonne, sois plus attentive, regarde bien le chas afin d'enfiler correctement ton aiguillée.

Je détournais les yeux et regardais mon minou. Quelle drôle d'histoire que cette aiguillée. Pourquoi regarder le chat pour «l'enfiler»?

— Tu es donc bien distraite ma petite! Cesse de t'occuper de ton chat. Sois plus attentive. Une fille doit apprendre jeune à coudre et à raccommoder. Tous les maris apprécient une bonne couturière. Si tu devenais veuve comme moi à vingt-sept ans... Une femme peut toujours gagner sa vie en cousant pour les autres... Ce n'est pas déshonorant.

Grand-mère Alain était d'aspect sévère mais très bonne pour moi. Elle me paraissait très très âgée. Ma mère me disait souvent: «Tiens-lui compagnie, tu es sa seule petite-fille». J'écoutais gentiment les instructions de ma mère et de mes grands-mères. Mes parents m'avaient appris à sourire et à être attentive aux personnes âgées; je les aimais bien toutes deux. Elles connaissaient beaucoup de choses sur la vie.

Le cadeau d'un petit frère

Je n'avais pas eu connaissance de l'événement, mes parents ayant jugé à propos de m'éloigner de la maison quelque temps avant l'accouchement de ma mère. J'étais chez tante Jeanne Monet Desmarteau, à sa maison de campagne de Boucherville, face au fleuve. Cette tante, gaie et jolie, était la jeune soeur de mon père.

Elle organisa, à l'occasion de ma visite, une fête d'enfants, un pique-nique en plein air, avec des ballons, des jeux, des prix, des cadeaux et, le soir, un feu d'artifice. Je vivais dans le rêve! C'était la première fois que je dormais hors de chez moi et que je voyais un feu d'artifice.

Le lendemain de cette joyeuse fête, mon père téléphona à tante Jeanne. Je voulais parler à papa, lui raconter la fête de la veille. Je pris l'autre appareil posé sur le guéridon de la pièce voisine. Par gêne et par politesse, je n'ai pas voulu interrompre leur conversation.

— Allô! C'est toi, Jeanne? Comment va ma grande fille? Te pose-t-elle des questions?

— Elle va bien. Des questions? À quel sujet?

— Je dois t'avouer qu'on lui a caché la grossesse de Berthe. Tu sais que ma femme avait déjà forte taille avant sa grossesse... Simonne ne sait pas qu'elle doit accoucher; ça nous a tous embarrassés de lui donner des explications; ses grands-mères aussi... Mais toi, tu es plus jeune, tu trouveras peut-être le moyen de lui expliquer.

— Mais vous auriez dû lui expliquer bien avant aujourd'hui!

— Oui, mais... Tu la connais. Peut-être qu'elle aurait été choquée ou jalouse. Elle se tourmente si facilement!

— Ce ne sont pas des excuses. Tu te souviens comme on a pu reprocher à nos parents de ne nous avoir jamais rien dit à ce sujet. Vingt ans après, je comprends mal que Berthe et toi ayez cette attitude.

— Si je t'ai confié Simonne, c'est qu'elle t'aime beaucoup ainsi que Marc et les jumeaux. Tu sauras mieux que moi l'informer, la préparer à la nouvelle situation familiale: la présence de la garde-malade, des grands-mères, les pleurs du bébé, Berthe qui va allaiter, tout ce brouhaha... Je ne sais vraiment pas comment Simonne va réagir à tout cela. Nous l'avons déjà fait inscrire comme externe au Pensionnat de Beloeil pour le mois de septembre, puis en octobre, elle sera pensionnaire au Pensionnat Marie-Rose à Montréal.

— Amédée, ça me fait plaisir de garder Simonne à Boucherville pour ses dernières semaines de vacances. Avertis-moi dès la naissance de l'enfant et bonne chance à Berthe. Je préparerai Simonne à la venue du bébé et je lui expliquerai... Ne t'inquiète pas.

Je raccrochai le téléphone du salon, bouleversée et grandement déçue que papa n'ait pas demandé à me parler. «Il m'oublie déjà! Il ne pense qu'au bébé à venir.» S'apercevant de ma peine, tante Jeanne me prit dans ses bras et me parla du plaisir que j'aurais à voir bientôt à la maison un petit bébé qui deviendrait grand et fin comme les jumeaux.

— Tu verras, tu l'aimeras beaucoup. Ça ne sera pas une poupée, mais une vraie personne, un petit enfant, un beau gros bébé. Tu seras sa petite maman.

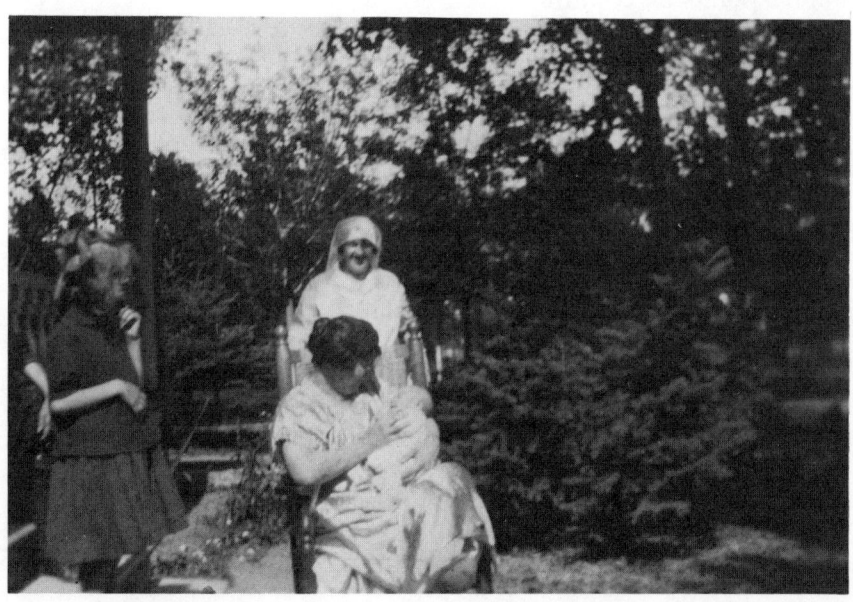

La semaine suivante, le bel oncle Marc m'a reconduite à Beloeil. Maman m'a accueillie en me disant:

— Simonne, tu avais déjà un grand frère, on t'a fait le cadeau d'un petit frère. Il est beau et fort. Il pèse treize livres. Il est tout joufflu. Tu l'aimeras.

Je ne le trouvais pas beau avec son visage bouffi et son teint rouge violacé. Il n'avait même pas de cheveux... Et mon père de rajouter:

— Hier, on l'a fait baptiser. Il portera comme moi, le prénom d'Amédée junior. Mais Dédé est déjà son surnom. Es-tu contente Simonne?

— Mais pourquoi vous ne m'avez rien dit sur sa naissance? Pourquoi vous n'avez même pas pensé à moi comme marraine?

— Tu es trop jeune, tu n'as même pas fait ta Première Communion. Ça n'était pas possible pour toi d'être marraine.

— D'après vous, je suis toujours trop jeune...

*   *   *

— Grand-maman, pourquoi la garde-malade a-t-elle parlé tout bas à tante Jeanne? Elle lui a dit que le médecin a déchiré la peau de maman.

— Mais il l'a recousue.

— Où l'a-t-il déchirée? Où l'a-t-il recousue? Pourquoi il lui a fait quinze points de couture?

— Ce sont des points de suture.

— Pourquoi ça l'a fait souffrir?

— Le bébé était énorme, il pesait treize livres. L'accouchement à la maison a été long et difficile. La déchirure était inévitable. Ma petite Simonne, apprends qu'on n'a rien sans peine. La Bible dit: «Tu enfanteras dans la douleur». Mais maintenant, ta maman va mieux et est heureuse. Et tout le monde aimera le beau Dédé. Va jouer.

Mes questions étaient restées sans réponse. Je me demandais pourquoi les grandes personnes étaient si gênées et trouvaient si compliqué d'expliquer aux enfants d'où viennent les bébés. On aurait dit qu'elles avaient honte d'en parler. Pourtant tante Jeanne m'avait dit: «Un homme et une femme qui s'aiment peuvent avoir, peuvent faire des bébés». Moi, je trouvais ça extraordinaire. J'aurais voulu que l'on m'explique bien d'autres choses. Pourquoi d'autres couples n'avaient-ils même pas un enfant? Plusieurs autres «pourquoi» me trottaient dans la tête. Ce soir-là, j'ai eu de la peine à m'endormir même si on m'avait fait le cadeau d'un petit frère...

Mes deux premiers mois d'école

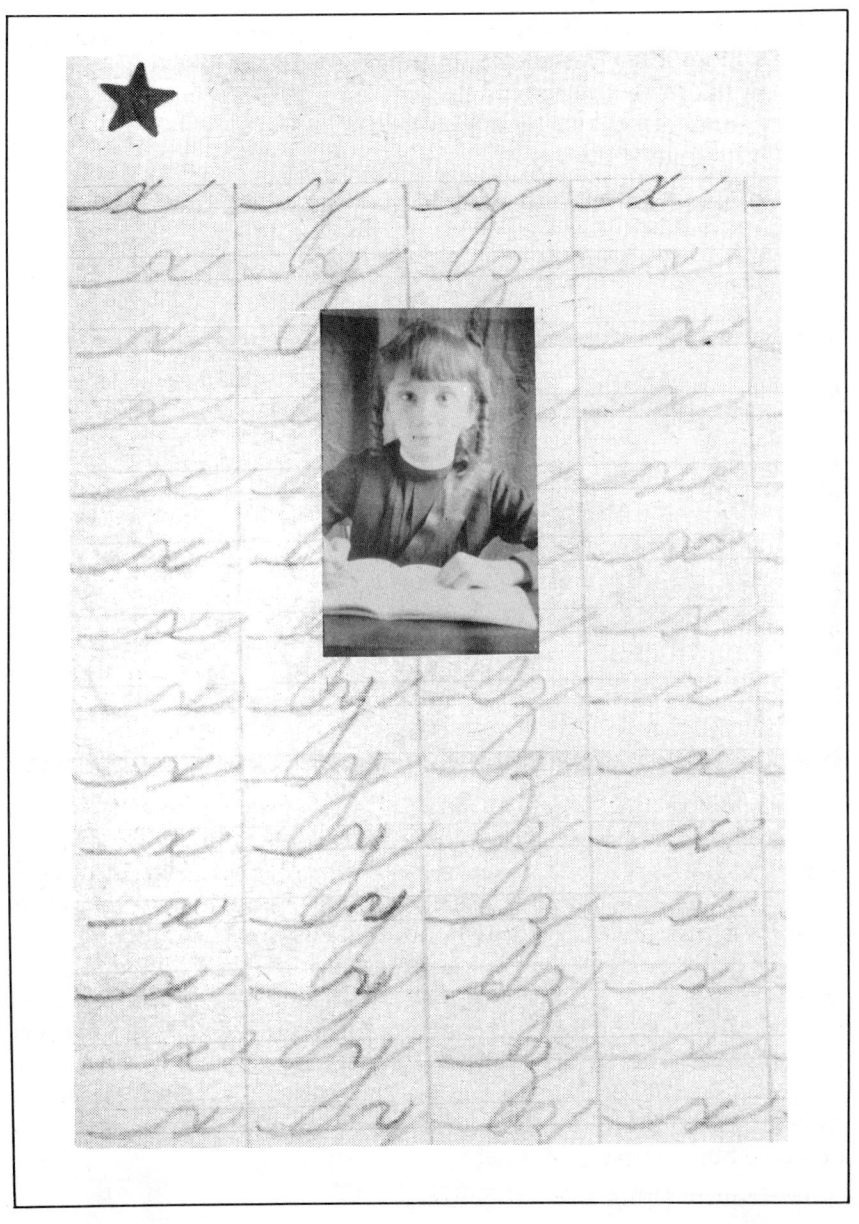

Dès ma première journée de couvent, le 2 septembre 1926, une semaine à peine après la naissance de mon petit frère Dédé, les religieuses des Saints-Noms-de-Jésus-et-de-Marie m'accueillirent comme externe à leur couvent sur le boulevard Richelieu, tout près de la maison où ma famille habitait de mai à octobre.

Toute fière, mais timide et mal à l'aise, j'étrennais l'uniforme noir réglementaire. Un large ruban noir de soie moirée retenait mes cheveux qui flottaient habituellement sur mes épaules. «Des cheveux sur le front ou dans la figure, ça ne fait pas distingué», avait dit la religieuse à l'inscription.

De longs bas noirs, en gros fil mercerisé, des souliers lacés me donnaient l'air d'une naine en deuil. En deuil de qui? De quoi?: des arcs-en-ciel, du soleil de septembre et des rires de ma très tendre enfance.

Etoffe déposée dans son cercueil

PRIERE

Divin Jésus, qui avez inspiré à Mère Marie-Rose la pensée de fonder un institut consacré aux Saints Noms de Jésus et de Marie, nous vous supplions de glorifier la mémoire de votre fidèle servante: accordez-nous de marcher à sa suite dans la douceur et l'humilité de votre Coeur adorable, et d'obtenir le bonheur éternel. Ainsi soit-il.

Imp.: † P.-E. CARD. LÉGER
archevêque de Montréal
1 avril 1959.
IMP. No. 10.

— Mesdemoiselles, voici, au mur, la photographie de notre Mère fondatrice, Mère Marie-Rose. Quand vous saurez lire, vous pourrez apprécier toutes ses vertus en lisant sa biographie. D'ici là, il faut vous mettre dès aujourd'hui au travail. Vous avez vos cahiers? Non, alors passez à la procure, voir Soeur Économe. Demain, vous lui remettrez les sous de la Ste-Enfance pour la Propagation de la Foi. Demandez-les dès ce soir à vos parents. Apportez-leur cette liste où sont indiqués tous les effets scolaires à vous procurer ainsi que les coûts des livres et cahiers. Avant de retourner chez vous, nous irons toutes ensemble à la chapelle. Priez bien pour que le Vatican proclame Vénérable, notre Bienheureuse Mère fondatrice. Bon après-midi, soyez sages! À demain, huit heures et demie!

Je retournai chez moi en courant.

— Qu'as-tu appris aujourd'hui Simonne, me demande ma grand-mère Monet, ancienne institutrice de rang.

— J'ai entendu des mots nouveaux: la Propagation de la Foi de la Soeur Économe, le Vatican et la Bienheureuse qu'on veut Vénérable.

Ma grand-mère était assise dehors; je m'appuyai sur le bras de la berceuse et j'eus la chance d'avoir un cours privé de vocabulaire clérical.

Je voulus ensuite aller embrasser maman. Je la cherchai. «Ta mère est dans sa chambre, elle allaite le bébé» me dit l'infirmière. La porte était fermée... Je n'ai pas osé entrer voir ce qui se passait là. Pourquoi maman était-elle couchée pour nourrir le bébé, au lieu de l'amener dans la cuisine ou dans la salle à manger avec nous?

Pendant ce temps, ma grand-mère, «Madame Alain» comme l'appelait papa, la couturière attitrée de la maison, cousait les vêtements de mon trousseau de future pensionnaire: jaquettes, tabliers, serviettes, etc. Papa, lui, avec sa belle écriture, s'appliquait à écrire mes nom et prénom sur tous mes articles personnels avec de l'encre de Chine: SIMONNE MONET — SIMONNETTE —. C'est à partir de ce moment-là qu'il m'a surnommée «Simonnette».

Ce nom m'amusa et le lendemain, quand mes petites compagnes me demandèrent mon nom, je répondis, rieuse, «Simonnette». La religieuse répliqua:

— Au couvent, les surnoms ne sont pas admis ni tolérés. Toutefois, chez vous, vos parents peuvent bien vous surnommer ainsi. C'est bien leur droit.

* * *

À la mi-octobre, c'est le retour à Montréal et mon entrée au Pensionnat Marie-Rose, rue Rachel. Déjà l'image de la fondatrice Mère Marie-Rose m'est familière. Les costumes des religieuses et des élèves, c'est déjà du connu. Certaines religieuses âgées se souviennent de Berthe Alain, ma mère: «Une élève modèle et studieuse! Très douée pour l'élocution et l'art dramatique. Elle a joué dans nos séances académiques et plus tard au Conservatoire: Athalie, Agrippine, Esther et bien d'autres rôles; des premiers rôles. Elle nous a toujours fait honneur. Vous suivrez sans doute ses traces, mademoiselle Simonne!»

La première journée, tout se passe bien. Je remets mes cahiers et bulletins du mois de septembre à ma nouvelle maîtresse de classe. Aucun problème jusqu'à l'heure du coucher. C'est ici que ça devient compliqué; je dois apprendre la cérémonie du déshabillage. L'opération commence au signal du claquoir de la gardienne du dortoir, une religieuse qui ne sourit jamais. Le rituel du déshabillage consiste d'abord à enlever sa robe de couvent, puis à mettre sa jaquette sans enfiler les manches. Notre jaquette devient comme une mante sous laquelle, nous devons enlever nos sous-vêtements: jupon, brassière, cache-corset, jarretelles, bas, et enfin, avec beaucoup de pudeur, enlever nos culottes... Puis, on peut enfiler les manches de sa jaquette... «Il ne faut jamais se mettre ni se voir complètement nue!»

La tradition a baptisé «cabine de chasteté», notre cellule entourée d'épaisses tentures de cotonnade jaune glissant autour d'un cintre, que la religieuse pouvait ouvrir à n'importe quel moment, au moindre rire, au moindre bruit, même par un trop grand silence...

Le Mardi-Gras

J'ai gardé de cette fête du 16 février 1926, un souvenir de folle gaieté que je tiens à évoquer ici.

Un soir d'hiver, après le souper, mon père et ma mère, en se costumant pour la soirée, riaient et se taquinaient dans leur chambre à coucher. Je les entendais parler et rire à tue-tête, ce qui n'était pas dans leurs habitudes. Tout en s'habillant, ils se chatouillaient, s'amusaient librement.

C'était la première fois de mon existence qu'ils se montraient aussi drôles et aussi gais. Cela me fit grand plaisir. Ce n'était plus mes parents, mais un jeune couple comique qui préparait une drôle de séance. Leurs éclats de voix remplissaient la maison.

Tous deux robustes et de forte taille, pesant chacun plus de deux cents livres, ils s'étaient déguisés en gitans, en romanichels. Ma mère avait un châle à fleurs qui enroulait ses cheveux. Aux oreilles, de gros anneaux. Sa chemise de soie claire à dentelles et un gilet de velours brodé surmontaient trois jupes superposées de couleurs voyantes.

Mon père, «mon pote le gitan» portait un grand chapeau de feutre noir à large bord, une perruque et des moustaches. Au col de sa chemise blanche, un foulard à pois rouges. On aurait dit de vrais acteurs. Ma mère récitait des tirades fofolles et papa courait derrière moi d'une pièce à l'autre de la maison en criant: «Ah! la belle petite fille! On va la voler, lui montrer à chanter, à danser et à voler. Elle gagnera des sous pour nous acheter du vin».

C'était vraiment la fête. Et ça m'amusait beaucoup. Je n'avais pas peur du large couteau que mon père portait à sa ceinture faite de quatre rangs de tissu multicolore. C'était la fête de la couleur! Rouge aux joues, maman était méconnaissable ainsi maquillée. Même que ça lui allait bien, elle toujours si pâle.

— Ce soir, ma Simonnette, on va rire et danser, boire et chanter, me dit mon père. On a même loué une grande salle chez les Chevaliers de Colomb de Maisonneuve.

— Je ne savais pas que Maisonneuve avait des Chevaliers de Colomb... Mes parents rirent et ne répliquèrent pas. C'était bien la première fois. Habituellement, chacune de mes remarques me valait une leçon de choses. Ils étaient de vrais professeurs.

Aux petites heures du matin, mes parents rentrèrent bruyamment, en compagnie d'une douzaine de leurs amis.

— Berthe, fais-nous un café fort, moi je vous sers un «Night Cap», un «bon coup de fort». Avec la tempête qu'il fait, il faut bien se réchauffer.

Tous riaient de plus en plus fort. Les femmes parlaient des hommes cocus. J'essayais d'entendre leurs conversations par la porte entrebâillée, et surtout d'en comprendre le sens. Au salon, les hommes fumaient des cigares et parlaient de leurs maîtresses; celle de mon père fut évoquée. Pendant ce temps, les femmes s'affairaient dans la cuisine à préparer un goûter. Je me demandais de quelle maîtresse d'école il pouvait s'agir. Mon père était déjà si instruit...

Je n'avais jamais entendu rire aussi fort dans notre maison: des éclats de voix, des histoires qu'ils disaient «cochonnes». Qu'est-ce que les cochons venaient faire dans leur conversation? Ils riaient tous si fort! Pour «des parents si distingués...» Tout était vraiment permis le Mardi gras. C'était le carnaval! Demain, le carême.

Énervée, je me levai et j'ouvris complètement la porte de ma chambre. Je voulais aller à la chambre de toilette; mais pour cela, il me fallait traverser le grand salon et la salle à dîner où se trouvait tout ce monde que je connaissais bien, mais que je ne reconnaissais pas ce soir-là, à cause des déguisements, du maquillage et de leurs voix aiguës.

Me voyant toute timide et déconcertée, mon père me prit dans ses bras, m'embrassa et me serra très fort contre lui en me disant:

— «Ma Simonne, comment gros tu m'aimes? Ton papa t'aime gros comme ça».

Il écarta les bras et les referma sur moi.

— Ta maman aussi, je l'aime, mais ce n'est pas pareil. Elle, c'est une bonne chrétienne... mais moi, je suis un bon vivant. Quand tu seras aux grandes études, les jours de congé tu viendras me voir siéger à la Cour des Sessions de la Paix. Quand tu seras plus grande, je t'emmènerai danser, au théâtre et à l'opéra. Mes confrères te prendront pour ma jeune maîtresse... je me moquerai bien d'eux.

Ma mère, revenue au salon avec des plateaux, essaya d'interrompre mon père. Fâchée, sévère, elle parla fort:

— Amédée, cesse ce jeu-là avec la petite. Immédiatement. Tu as trop bu, tu ne sais plus ce que tu dis. En pleine nuit, tu l'énerves et tu la troubles avec tes gestes et tes histoires. Retiens-toi un peu.

Gênés, les invités vidèrent leurs verres et décidèrent de partir. Ma mère vint me recoucher:

— Dors bien et prie le Bon Dieu pour qu'il ne vous arrive jamais rien de mal à ton père et à toi. Recommande-toi à ton Ange gardien. Tu sais, moi aussi je t'aime beaucoup. Reste longtemps une petite fille douce et obéissante. Les grandes personnes, elles, ne sont pas toujours raisonnables. Surtout un soir de carnaval. Disons ensemble: «Bonsoir mon bon Ange, c'est à vous que je me recommande, gardez-moi pendant cette nuit, s'il vous plaît mon bon Ange». Rêve aux anges ma Simonne!

* * *

Le lendemain, ma grand-mère Monet accepta de répondre à mes questions.

— Qu'est-ce que c'est une maîtresse?

Dictionnaire en main, elle me lut cette phrase:

— Une maîtresse, est une femme qui accorde ses faveurs à un homme qui n'est pas son mari.

— Des faveurs? Quelles faveurs? Papa dit qu'il est contre toutes sortes de faveurs.

Grand-maman ne releva pas ma remarque et continua sa lecture dans le dictionnaire:

— Maîtresse femme, femme qui agit avec énergie et compétence. Voilà, te voici bien renseignée maintenant.

— Papa a une maîtresse et une maîtresse femme. Tant mieux pour lui!

Panse ou dépense?

Vers l'âge de dix ans, Roger pratiquait déjà plusieurs sports: patin à roulettes, patin à glace, hockey, etc. Il avait grand appétit.

À cause de ce que les grandes personnes appelaient «ma petite santé», le médecin m'interdisait les jeux violents. «Tu seras une vraie douce et gentille petite fille, tu ne seras pas «un Tom boy», pas une garçonnière». Mes grands-mères me disaient ça pour me consoler de ne pouvoir jouer avec les autres enfants. Défense de jouer à saute-mouton, d'aller en tricycle, de sauter à la corde, de descendre et monter les escaliers deux marches à la fois parce que ça faisait battre le coeur trop vite et que ça donnait des palpitations. Tout ça expliquait mon peu d'appétit.

À chaque repas, Roger lui, réclamait de grosses assiettées. Maman lui répliquait:

— Mon garçon, mange d'abord ce que tu as dans ton assiette. Si tu as encore faim, alors tu en demanderas une seconde fois.

Souvent, le ventre plein, il ne pouvait même pas vider sa première assiettée. Alors maman intervenait sur un ton de reproche:

— Roger, tu as les yeux plus grands que la panse.

Moi, je croyais que maman voulait dire: «les yeux plus grands que tu penses» ou «les yeux plus grands que la dépense»! Je me disais que les grandes personnes parlent parfois bien drôlement. Mais comment reprendre maman qui a étudié la diction et dit utiliser un vocabulaire toujours très juste?

J'ai donc décidé de me taire. Mais après le dessert, je suis allée dans la bibliothèque du boudoir chercher le plus gros des dictionnaires, le Dictionnaire Général de la Langue Française. À ma grande surprise, au mot «panse», j'ai lu: «Fam: Ventre. *Avoir les yeux plus grands que la panse,* avoir moins d'appétit qu'on ne croyait.

Cette découverte ne m'a pas donné plus d'appétit mais ça m'a permis de réaliser, avec admiration, le bon langage de ma mère et le grand savoir des dictionnaires.

Ma Première Communion

Selon le voeu et l'autorité du Pape Pie X, la petite Communion devait avoir lieu vers l'âge de sept ans afin de ne pas priver l'enfant de l'Eucharistie. Auparavant, elle avait lieu vers l'âge de dix ans, on l'appelait la Grande Communion, la Communion Solennelle. Dans la Province de Québec, la Première Communion était considérée comme une grande fête. C'était le signe de l'âge de raison. C'était aussi le début de la pratique religieuse.

* * *

Pendant plusieurs mois, on me gave d'instruction religieuse: questions et réponses, prières et oraisons jaculatoires apprises «par coeur» auxquelles on «attache des indulgences». Puis, en avril, j'entreprends mes premiers exercices vers la table de communion.

Je dois quitter mon banc et me diriger vers la balustrade de bois, séparant le maître-autel de la nef de la chapelle, sans aucun bruit; il ne faut pas marcher du talon.
— Vous devez évoluer, marcher comme des anges... dit soeur Marie des Anges.
Je dois gravir les deux marches d'accès à l'autel en baissant les yeux. Puis l'on me dit:
— Vos yeux doivent être fixés sur le Tabernacle. Le jour de la grande cérémonie, vous les fixerez sur l'Hostie. En attendant, redescendez à reculons, faites une génuflexion et trois pas en arrière... Puis, apprenez à avaler des hosties non consacrées.

Malgré toute mon application, la première hostie va se coller au fond de ma gorge. Je m'étouffe. La deuxième, je la transforme en boule. Je dois recommencer cinq à six fois avant de prendre le tour de les imbiber de salive sur le bout de ma langue, pour qu'elles glissent toutes seules.

— Que vous êtes maladroite! Ne mordez pas l'hostie, c'est le corps du Christ. Surtout, défense d'avaler une goutte d'eau après minuit, même en vous lavant les dents: vous commettriez une grande faute en allant communier sans être à jeun.

C'est la veille du grand jour. Je communierai pour la première fois le 19 mars 1927. Ma robe de Première Communion est prête. Elle est blanche mais c'est encore un uniforme obligatoire. Nous montons au dortoir plutôt que d'habitude. Toute la journée nous avons pratiqué ces multiples exercices. Ce n'est pas une cérémonie gaie qui me rend heureuse. Moi, ça m'énerve et ça me rend triste, cette histoire de manger le corps du Christ. Pourtant, des fois papa me dit: «Je t'aime assez fort que je te mangerais, que je te croquerais!...»

J'ai été très déçue de ma Première Communion. L'hostie consacrée goûtait la même chose que toutes celles que j'avais mangées durant les exercices préparatoires... Je n'ai pas ressenti une grande ferveur; en fait, je n'ai rien ressenti du tout, sinon de l'énervement, et la crainte de faire mal au corps du petit Jésus. Mais, je ne l'ai dit à personne. J'avais reçu en moi l'hostie, mais pas le petit Jésus. «Maintenant, je suis membre de la Congrégation de L'Enfant Jésus. Peut-être que ça va changer quelque chose? Peut-être que je serai plus contente de communier avec les autres?»

On m'a donné des images. J'aime bien l'image de Jésus adolescent. Papa m'en a même fait faire une sculpture. Elle est suspendue au mur de ma chambre.

J'ai quand même fini par m'endormir, fatiguée et surexcitée par cette journée mémorable. Heureuse des cadeaux, de la visite des parents, des compliments de tous et du plaisir de pouvoir, par permission spéciale, passer une nuit à la maison avec mes parents.

Le bon Ange et l'Archange déchu

— Soeur Honorius, pourquoi le soir au dortoir, nous faites-vous réciter la prière à l'Ange gardien: «Mon bon Ange, préservez-nous du péché, de l'accident, de la mort subite»? Ça m'énerve et ça m'empêche de dormir. Chez nous, ma mère me fait dire: «Bonsoir, mon bon Ange, c'est à vous que je me recommande. Vous m'avez gardée pendant ce jour, gardez-moi pendant cette nuit, s'il vous plaît, mon bon Ange». Ça me plaisait bien d'avoir un Ange gardien.

— Ma fille, dans un pensionnat, on doit réciter les prières officielles de l'Église qui donnent droit aux indulgences applicables aux âmes du Purgatoire.

Un après-midi avant de retourner au couvent pour les Vêpres, j'ai parlé à papa du Catéchisme illustré où des images épouvantables nous montraient des démons, l'enfer et une horloge où était inscrit: «Toujours — Jamais — pour l'Éternité». Papa m'a souri:

— Simonnette, un Ange gardien c'est un ami, ton ami. Ne t'énerve pas avec ces histoires de péchés et d'enfer, d'accidents et de mort subite. Tu es en sécurité au couvent. Dors bien en paix, tu es une bonne petite fille.

Ses paroles m'avaient rassurée et je cessai d'avoir peur des mots et des images.

* * *

Un soir au dortoir, Soeur Honorius, la maîtresse de discipline, m'interpella sur un ton sévère:

— Ma fille, revenons à notre entretien de la semaine dernière sur l'Ange gardien et les occasions de péché. J'ai beaucoup réfléchi et voici ce que j'ai à vous dire: l'orgueil vous perdra. Satan est le Prince de l'Intelligence, un Archange déchu, un orgueilleux et un raisonneur comme vous. Il a discuté avec le Père Éternel. Méfiez-vous, il cherchera à vous entraîner au mal par le raisonnement, comme il a fait avec notre Mère Eve. Suivez plutôt les conseils du vicaire qui est votre confesseur.

— Je n'aime pas les vicaires et les curés confesseurs, ni les confessionnaux. Là-dedans, il fait noir et ça ne sent pas bon. Y aller toutes les semaines, c'est une corvée; ça me rend malade deux jours avant, deux jours après. Il faut toujours que je m'invente des péchés véniels.

— Mais vos mensonges? vos imaginations, vos mauvaises pensées? Vos mauvais touchers? Vos petites amitiés particulières? Vous en accusez-vous au confessionnal?

— Non, mais le vicaire me questionne toujours là-dessus. Je ne réponds jamais; je ne sais jamais quoi répondre!

— Selon la définition du catéchisme, trois conditions sont nécessaires pour commettre un péché mortel et en être coupable: première condition: matière grave — deuxième condition: connaissance suffisante — troisième condition: plein consentement de la volonté...

Je n'écoutais déjà plus Soeur Honorius. Je pensais au petit Poucet, perdu dans la forêt et dans la maison d'un ogre... J'espérais qu'une petite lueur, qu'une petite étoile, ou qu'une lanterne s'allume et que le gros ogre se change en un bon St-Nicolas, «patron des écoliers qui apporte du sucre dans nos petits paniers». Et je me mis à chantonner:

> **J'irai à l'école**
> **j'apprendrai mes leçons**
> **et je serai bien sage**
> **comme un petit mouton.**

Par malheur, les adultes le deviennent. On enseigne encore aux enfants dans les chansons de folklore, «à être bien sages comme des petits moutons...» Si les éducateurs d'aujourd'hui parlent peu aux enfants de l'Ange gardien, bien des adultes et certains «spirituels» croient à l'existence de «guides» ou «ajusteurs de pensées» qui joueraient le rôle jadis attribué aux Anges gardiens dans la religion catholique.

«Mon grand Chevalier»

Mon père, ce n'était pas «mon légionnaire» comme le chantait de sa voix basse Paulette Mauve. C'était mon Cavalier, mon Chevalier du troisième étage de la rue St-Denis. Lui se disait Grand Chevalier de Colomb du quatrième degré. Il avait avec lui, avais-je entendu au téléphone, une équipe de sept ou huit personnes. Son histoire de Chevalier était mystérieuse et bien secrète, ce qui la rendait très intéressante. J'avais entendu dire qu'il faisait un peu de théâtre dans des salles spéciales réservées aux aspirants Chevaliers. Un peu comme lors de nos réceptions de Croisé(e)s.

C'était en fin de semaine. J'étais à la maison et je surveillais tous ses gestes de très près. Il y avait beaucoup de secrets; en plus, et ça c'est extraordinaire, un bouc ou une chèvre, puis des mots de passe et surtout beaucoup de religion. Papa, avant de partir pour sa «séance d'initiation», me demandait les réponses de plusieurs questions de catéchisme.

J'avais dix ans. Je savais par coeur toutes les réponses. Il me félicitait de les si bien savoir, et me remerciait de l'aide apportée à son travail.

— Vas-tu leur faire passer une sorte d'examen à tes nouveaux Chevaliers?
— «Tempus fugit memorandum» a-t-il dit tout bas.
— Qu'est-ce que tu dis?
— Je parle en latin. C'est à cause du secret. Je ne peux le dévoiler à personne.
— Même pas à ta petite fille?
— Saurais-tu garder un secret?
— Oh oui!
— Moi aussi...

Nous avons bien ri.

— Maintenant, ne pense plus à cette histoire et essaie de bien dormir. Je ne rentrerai pas tard. Fais de beaux rêves! Mais il rentrait toujours passé minuit. Un Chevalier de Colomb de Maisonneuve ou de Lafontaine ça rentre très très tard en fin de semaine et ça n'a d'excuse à donner à personne.

Je me couchais plus tard que d'habitude ces samedis-là. J'essayais de dormir aussitôt, afin de pouvoir me réveiller dès que j'entendrais ses pas dans l'escalier et le bruit de la chaîne de sécurité sur la porte d'entrée... Il ouvrirait la porte de ma chambre et viendrait voir si je dormais bien au chaud. Alors il cacherait au fond de la garde-robe sa grande mante noire doublée de soie écarlate, puis mettrait sa longue épée dans un long étui de flanelle grise.

Mais le bouc et la chèvre, qui s'en occupait? Qui leur donnait à manger? Où couchaient-ils? Encore un mystère! Plus de trace de déguisement; papa enlevait son veston et sa cravate et il redevenait mon papa... Tout doucement, évitant de me réveiller, il m'emmitouflait plus au chaud dans ma couverture de laine et me caressait le front, les cheveux et la joue. Il me chuchotait tout près, tout près de l'oreille: «Ma Simonnette, rêve aux anges, mon ange!»

Moins frileuse, plus heureuse, je finissais par me rendormir en rêvant à mon beau Chevalier de Montréal.

Musique militaire ou harmonie?

Aussi étonnant que cela puisse paraître aujourd'hui, vers l'âge de neuf ou dix ans, j'ai beaucoup aimé la musique de fanfare, la musique militaire. Le terme parfois utilisé pour désigner la fanfare était l'harmonie. Dans les fêtes et les cérémonies du collège de mon frère, dans les parcs, à l'occasion de la fête de Dollard et de la St-Jean-Baptiste, les parades militaires étaient bien appréciées du public canadien français. De jeunes cadets en uniforme défilaient au son de la fanfare, et se faisaient applaudir tout au long du parcours.

En temps de paix, la musique et l'armée faisaient bon ménage; c'était l'harmonie...

Régulièrement, le samedi midi, mon père venait me chercher en automobile au Pensionnat puis venait avec moi choisir à la maison Edmond Archambault Inc., rue Ste-Catherine près de St-Denis, quelques nouveaux disques d'opéra, de la musique d'harmonie et des chansonnettes françaises. Certaines étaient traduites de l'anglais par l'homme de théâtre Henri Deyglun. C'étaient des chansons populaires sur rouleaux de musique pour pianos mécaniques. Papa les achetait et les offrait à une cousine qui possédait un piano mécanique. Je m'amusais, quand j'allais la visiter, à «pédaler» cette musique, à chanter ces chansons populaires.

De retour à la maison, après m'avoir bien exhortée au prudent maniement du «Victrola» et des disques précieux tous fragiles et cassables, mon père me donnait de brefs cours d'initiation aux instruments. Il répondait à mes questions et me recommandait d'être surtout attentive à dépister les diverses tonalités et les rythmes.

Certains samedis midi, pendant que maman et les grands-mères s'affairaient à la cuisine à ranger les victuailles et à préparer le dîner, je faisais avec papa, sur une musique d'harmonie, des pas de marche, longeant les quatre coins du tapis du salon, les pieds bien posés sur les carrés et les fleurs du tapis de Turquie, pour bien marquer la mesure.

Maman trouvait que cette musique était trop bruyante et même vulgaire: «De la musique de régiment» s'exclamait-elle avec mépris.

— Pourquoi faire écouter cette musique militaire à une fillette? Amédée, fais-lui plutôt écouter les Préludes de Chopin que tu viens d'acheter; ça lui convient mieux. Ça, c'est de la vraie musique.

— Voyons, Berthe, Simonne est déjà assez rêveuse et capricieuse comme ça. C'est samedi, jour de congé, et ça l'amuse de marcher ainsi au son des fifres et des clairons.

D'autant plus qu'il n'y avait pas de vraie guerre.

Ça m'excitait beaucoup cette musique militaire. Les jours de congé, même quand mon père était absent, je me rendais de ma chambre, à pas de loup, dans le couloir menant au salon, puis je fermais les grandes portes doubles aux vitres dépolies. J'examinais toujours avec un grand plaisir et beaucoup d'attention les dessins de fleurs et d'oiseaux incrustés dans les glaces biseautées. J'aimais particulièrement regarder les formes d'un héron aux fines pattes.

Là, seule, je pratiquais des pas de marche: à gauche, à droite, en avant, en arrière. Il fallait suivre le rythme saccadé de cette musique.

* * *

Au couvent, un major de l'armée de réserve, M. Chicoine nous enseignait le samedi matin la «callisthénie»: en uniforme, jupe bleu marine à «plis craqués» et blouse blanche à col et poignets matelot (la marinière), nous défilions en rang, pour exécuter dans la grande salle de réception des mouvements de gymnastique bien définis, sur de la musique militaire. Par des mouvements, des sauts, des déplacements et divers exercices, les élèves étaient à l'enseigne de l'endurance.

Le major engagé par la supérieure du pensionnat pour cet enseignement donnait des ordres brefs. Il avait l'air sévère et les cheveux coupés en brosse. Il nous enseigna ces techniques de gymnastique durant une heure, chaque samedi matin pendant onze ans.

Un matin, il nous donna l'ordre de nous immobiliser, puis il m'interpella:

— Mademoiselle là-bas, la grande maigre là, venez en avant. Avez-vous des militaires dans votre famille?

— Oh non, monsieur! Dans ma famille, on déteste la guerre.

— Dites «Major» quand vous vous adressez à moi. La guerre, il faut la faire pour défendre l'honneur de son pays. Je l'ai faite moi par devoir et voyez, je suis décoré! Assez parlé. Qui vous a appris à marcher ainsi, à bien marquer le temps?

— Mon père, en me faisant écouter de la musique de fanfare, d'harmonie, monsieur le Major.

— Très bien, allez, reprenez votre rang.

— Merci, monsieur le Major.

— Vite, reprenez votre rang et ne parlez plus. Gauche, droite, gauche, droite. Plus vite, plus vite.

Avancez, reculez. Un peu plus vite. En rang! Rompez!

J'ai perdu le do,
de ma clarinette...
Ah! si papa savait ça, tra la la
Au pas camarades! au pas camarades!
Au pas, au pas, au pas!
Tra la la!

*Texte dédié à Alain Chartrand
en ce 1er février 1978,
anniversaire de sa naissance*

Les jeux de cartes

Habituellement, mes grands-mères me parlaient avec douceur et patience, excepté «aux cartes». Ainsi grand-mère Monet:

— Voyons ma petite, les jeux de cartes c'est sérieux! Il faut suivre les règlements. Devenir experte à tous les jeux. Je vais te confier un secret: quand je joue au bridge avec ton père et ton oncle, mon idée est de gagner, de les battre. C'est ma seule chance à moi, comme femme, de les égaliser! Il faut être astucieuse et ne rien laisser passer. Une carte jouée est une carte jouée; pas de pardon. C'est à toi à brasser. Bon, c'est assez! Passe les cartes. Sais-tu au moins à quel jeu on joue cet après-midi?

— Au «neuf» grand-maman, mais ce n'est pas nouveau...

— T'en souviens-tu? L'atout est décidé à l'avance: pique, coeur, carreau, trèfle, sans atout. Et cela à chaque brasse. Comme brasseur, c'est toi qui as le premier choix de changer de jeu, tu comprends?

— Oui grand-maman, mais je veux jouer au «coeur».

— Que tu m'impatientes! Tu mêles tous les jeux de cartes et les règles d'un jeu à l'autre.

— Vous m'avez dit de mêler les cartes, c'est ce que j'ai fait.

— «Au coeur», c'est la dame de pique qui a de l'importance.

— Mais ça n'a pas de bon sens!

— Écoute bien, je vais t'expliquer, la dame de pique, tu dois la passer aux autres joueurs ou la garder avec tous les coeurs que tu as, pour faire le «contrôle».

— La dame de pique, elle est noire, elle a l'air méchante et elle pique. Mais pourquoi le contrôle des coeurs?

— Tu mélanges encore tous les jeux de cartes. Tous les jeux ne sont pas pareils.

— Moi, grand-maman, j'ai voulu annoncer du coeur, car j'en ai cinq dans mon jeu. En plus de l'as et de la reine de coeur.

— On n'annonce son jeu qu'au bridge et tu es trop jeune pour jouer au bridge.

— Je ne jouerai jamais au bridge; quand vous jouez ensemble papa, mon oncle Fabio et vous, vous vous disputez tout le temps. Vous dites: tu devrais mieux «annoncer», tu aurais dû «finasser». Moi je ne suis pas une «finasseuse» et je ne veux pas jouer en quatrième, étendre mon jeu et attendre.

— Réfléchis un peu plus avant de toucher aux cartes. Apprends et tu joueras mieux. Les cartes, c'est sérieux!

— Alors ce n'est pas un jeu?

À l'époque de ma petite enfance, les cartes m'inspiraient des contes, des histoires d'amour et de royaumes... Je regardais les rois, les valets et les dames, je les faisais danser tous ensemble. J'avais peine à suivre le déroulement du jeu des adultes. Je me créais mes propres jeux. J'aimais la dame de coeur, elle me faisait rêver... Mais mes grands-mères me rappelaient à l'ordre.

J'aimais aussi le jeu de dominos, parce qu'il se faisait en silence. Il fallait «faire Domino», et gagner la partie. Je m'y essayais sans succès.

Le jeu de dominos, les divers jeux de cartes ont pris bien de l'importance dans ma vie de fillette. Grand-maman Monet me disait:

— Les cartes c'est sérieux! On joue pour gagner. Il y a des règles à suivre. Faut être meilleure joueuse que les hommes pour pouvoir les battre.

Puis d'ajouter en riant:

— «Les battre, au moins aux cartes...»

N.B. Retrouvé quelques notes de :
— Un journal. — 5 nov. 1932.
— Celui de Simonne Monet —
C'est un bon compagnon qui
suit notre chemin
Qui toujours se soumet à
notre caractère.——
C'est plus qu'un compagnon,
c'est un dépositaire
Des rêves caressés.—— c'est
un charmant écrin :

Un écrin où l'on met et douces espérances,
Et souvenirs heureux avec un
soin jaloux,
Comme on enfermerait de
précieux bijoux.

On lui raconte tout ; il a
nos préférences :
Pour avoir son secret, bien oui !
il faut l'ouvrir
Les amis sont bavards et
souvent font souffrir.
Alors ? ? ?
Beloeil Montréal, 1935·36·37.
Condensé de textes des "petits cahiers"

Mon petit cahier-journal

St-Jean d'Iberville
2 janvier 1931

Hier, comme à l'accoutumée, mon frère aîné a demandé en notre nom la bénédiction paternelle. Papa était bien ému. Il nous a signé le front, nous a embrassés puis nous a dit: «Que le bon Dieu, que je représente, vous bénisse et vous rende heureux.» Durant toute cette journée, j'ai entendu dire par tout le monde: «Bonne année et le Paradis à la fin de vos jours!»

Parmi mes cadeaux du Jours de l'An, j'ai eu une belle surprise. Mes parents m'ont donné un vrai cahier, grand format, avec couverture fleurie, pour y mettre mes petits secrets, mes notes, mes pensées. C'est une habitude de famille d'avoir un cahier-confidences. Papa et maman écrivent très régulièrement dans le leur et dans des cartables-agendas leur emploi du temps. Et leurs dépenses dans un «Ledger» très grand et lourd. Moi, enfin, j'ai mon propre cahier, format de grande personne. Ça me fait plaisir. Entre onze et douze ans, on vieillit. Comme je le faisais avant, au lieu d'écrire mes pensées dans plusieurs petits cahiers de notes à couverture de toile, rouge, bleue, noire. Je le ferai dans un vrai cahier bien personnel.

Je l'étrenne. Aujourd'hui j'ai le temps d'écrire. Je suis en visite à St-Jean. Tous les 1ers de l'An, nous venons ici visiter notre parenté. Le repas du Jour de l'An est offert par ma grand-mère Monet à toute sa famille. Papa est l'aîné de ses fils, puis le second est Wilfrid, «mon oncle le dentiste». Sa femme, tante Élisabeth est douce, patiente, affectueuse et très gentille avec moi.

Elle devine mes petits secrets. Elle m'a offert d'aller écrire dans mon cahier tout neuf, à l'abri des curieux, dans le bureau de dentiste de son mari. Lui aussi il est fin avec moi. Oncle Wilfrid joue bien du violon, mais n'aime pas jouer en public; seulement devant quelques personnes amies. Mes deux cousines Andrée et Louise sont plus jeunes que moi. Elles ne vont pas encore à l'école. Elles sont gentilles, mais timides. Je les vois seulement aux Fêtes et je ne sais pas trop quoi leur dire.

Un autre oncle, plus jeune, porte un drôle de nom: Fabio. J'ai demandé à grand-maman pourquoi il portait un nom aussi rare. Elle m'a dit qu'elle avait appelé sa première fille Blanche Eva et qu'elle voulait en appeler une autre Fabiola. Elle avait lu un beau livre qui portait ce titre; le nom de l'héroïne était Fabiola. Mais quand le bébé suivant est né, c'était un garçon. Elle l'a donc appelé Fabio et, plus tard, elle a donné le nom de Jeanne Fabiola à sa «petite dernière».

Mon oncle Fabio a épousé une jolie femme, Anita Deland, de mère irlandaise catholique. La famille Dickson est bien aimable. J'écris son nom au son. Ses soeurs sont célibataires. Mamy est infirmière. Ella et Edna sont jumelles et veulent devenir religieuses. Elles parlent surtout anglais et cassent le français. Elles sont bien gentilles. L'été, elles cultivent un beau jardin, rempli de belles fleurs très rares. Fabio et Anita! Pour moi, ça ressemble à des noms d'opéra italien. Ça me paraît comme Roméo et Juliette. Mon petit cousin Jacques a un an. C'est un bébé toujours souriant. Il a l'air intelligent et curieux.

3 janvier 1931

Dans les familles, aux Fêtes, il y a beaucoup d'activités. D'abord de grands repas, des banquets, puis la distribution des cadeaux, des paquets enrubannés. De jolies cartes de fantaisie indiquent les noms de ceux à qui on offre les présents. Cette cérémonie se passe après le dessert. On crie de joie, on dit des Oh! des Ah! des «Tu n'aurais pas dû!... mais merci!» Ça dure plus d'une heure.

Après, c'est l'heure des chansons à répondre. Heureusement que les albums de la *Bonne Chanson* de l'abbé Charles-Émile Gadbois sont sur le piano. Ça aide à nous rappeler les couplets. On chante tous en choeur, accompagnés au piano et au violon. Papa a encore fait des drôleries. Il change les mots des chansons, fait de nouvelles rimettes. Grand-maman fait semblant de le gronder comme si c'était un enfant.

Puis est venu le temps des récitations. Roger et moi, les plus vieux des jeunes enfants, on a dû s'exécuter, après s'être fait prier. C'est pour la forme. On aurait été bien déçus, après les avoir apprises par coeur, de ne pas les réciter. La soirée s'est terminée par la sonatine que j'ai exécutée au piano puis par le compliment que j'ai composé au couvent avant Noël.

Bien chers parents,

Les Fêtes raniment tous les coeurs, le mien est gai et s'empresse de vous offrir ses voeux.

Je voudrais posséder le don d'exprimer ce que je ressens afin de vous faire comprendre la grandeur de mon amour et de ma reconnaissance.

Ces deux sentiments croissent en vieillissant. Comprenant mieux la sollicitude que vous me témoignez et l'intérêt que vous me portez, je serais ingrate d'y rester indifférente. J'apprécie beaucoup les peines que vous vous donnez et l'éducation et l'instruction que je reçois, j'espère y répondre par une conduite exemplaire et de l'étude sérieuse, source du succès scolaire.

Si Dieu exauce mes voeux vous jouirez d'un bonheur sans ombre et sans fin. C'est le plus grand de tous mes désirs.

Votre fille reconnaissante
Simonne

Applaudissements, baisers, compliments.
Aux Fêtes, d'une année à l'autre, c'est toujours le même programme, les mêmes chansons à répondre, les mêmes remarques: «Tu grandis donc vite! Tu as un beau talent! Tu nous fais bien honneur!»...

Montréal, 6 janvier 1931

Mes parents reçoivent toujours à la fête de l'Épiphanie. Après le souper des Rois, papa m'a ramenée au couvent. Ce fut aussi la rentrée de mon frère Roger, comme pensionnaire au Collège Brébeuf.

Au dessert, j'ai eu le plaisir d'être couronnée reine, et mon oncle Wilfrid, roi. Nous avions, dans notre portion de gâteau-pouding aux fruits, découvert, moi la fève, lui, le pois. Maman nous a mis à «nous deux», chacun une couronne en papier de couleur sur la tête. On s'est embrassés, on a bu un verre de vin rouge, puis on a fait un voeu. Moi, j'ai fait un souhait: ne pas retourner pensionnaire.

Je n'ai pas été exaucée... Une heure après, j'étais déjà rendue au couvent.

14 février 1931

C'est la Saint-Valentin, la fête des amoureux. C'est la fête de maman aujourd'hui. J'ai obtenu de la maîtresse de discipline la permission de téléphoner à ma mère, à l'heure du dîner, pour lui offrir mes voeux. Je lui avais écrit une lettre d'avance, il y a une semaine. Elle l'avait reçue et était très contente. Elle m'a félicitée de mon orthographe et de mon style littéraire. Je n'ai pas de mérite, j'aime la grammaire et je prends beaucoup de notes sur le vocabulaire et le lexique quand je lis.

Maman m'a dit que papa lui a offert de beaux cadeaux et une sortie-surprise. Ce soir, ils iront souper à l'hôtel Viger avec les gentilles demoiselles Grégoire et leur frère J.O. (Oscar).

J'aime beaucoup ces Mlles Grégoire. Elles sont nées à St-Valentin, dans le comté de Napierville, où papa a été député. Ce sont des cousines à lui. Elles sont célibataires toutes les trois, très instruites et vivent avec leur frère J.O., lui aussi célibataire. Il conduit l'auto et est très gentil et galant. Mais je me dis que St-Valentin, le patron des amoureux, n'a pas dû les influencer pour le mariage.

Mercédès, Henriette et Jeanne jouent souvent au bridge avec mes parents, mais elles ne se disputent jamais, n'élèvent pas la voix si ce n'est pour offrir des bonbons et des liqueurs. Les soirs de fête, ce sont des fines liqueurs qu'elles nous présentent avec des amandes glacées colorées ou des dragées. Je les trouve très distinguées. J'aimerais être leur élève à la Commission scolaire au lieu d'avoir toujours des Soeurs, hors du monde, comme professeurs.

Les demoiselles sont quand même de bonnes pratiquantes catholiques, même si elles ne sont ni mariées ni religieuses. La plus jeune, Jeanne, est très studieuse. Elle lit beaucoup dans des livres anciens et des archives; elle fait des recherches sur le passé, sur les langues française et anglaise. J'aimerais étudier comme elle, par moi-même, au couvent, au lieu de tout apprendre par mémoire, mais le règlement ne le permet pas...

19 avril 1931

Aujourd'hui, à 3 heures, concert au pensionnat. Ma première sonatine jouée en public, au couvent. Mes parents sont venus à l'audition musicale. Ça me fait plaisir.

Après quatre ans de cours de piano, j'ai peu d'espoir de n'être jamais une vraie musicienne, de jouer convenablement Mozart, Chopin, encore moins Liszt; même avec beaucoup de pratique. Mon professeur de piano, Soeur Émérentienne, me dit et me répète:

— Vous avez de longs doigts de musicienne, mais il ne s'agit pas de jouer n'importe quoi, n'importe comment, surtout pas par oreille. N'essayez pas d'improviser, de changer le tempo. Il faut d'abord de la technique et beaucoup, beaucoup de pratique. Méfiez-vous du talent naturel. Tout ce qui est naturel est à surveiller, à diriger, à discipliner.

Je lui ai répondu:

— Moi, ma soeur, la technique, la mécanique, ce n'est pas mon fort... Ça m'ennuie... Je voudrais jouer ce que je ressens à travers les sonatines et à mon rythme. Mais, d'après ce que je vois, c'est contraire à vos méthodes?

— Avant tout, regardez bien la clé, la mesure dans la portée et aussi suivez le métronome. Vous devez toujours travailler avec le métronome...

Ces méthodes, ces exercices m'ennuient et me tapent sur les nerfs. Je ne serai jamais une bonne musicienne, même avec mes longs doigts fins dits de musicienne, un piano à Beloeil et un à Montréal pour pratiquer. Mais j'ai le goût de la belle musique et je le développe à l'audition d'oeuvres d'orgue à l'église St-Jean-Baptiste.

Papa et maman m'ont offert, en récompense pour ma persévérance à bien pratiquer, une pièce pour piano sur disque *Scènes d'enfants* de Robert Schumann. Je dois attendre à dimanche prochain dans une semaine pour l'écouter, car au couvent il n'y a pas de phonographe.

24 mai 1931

Les élèves de ma classe ont joué cet après-midi dans la salle des cérémonies, la fameuse séance: «Le héros de la Nouvelle-France», devant le curé de la paroisse St-Jean-Baptiste, Mgr L.A. Dubuc et mon père, comme invités d'honneur, et tous les parents des élèves.

Je ne faisais pas partie de la pièce de théâtre, j'avais refusé de jouer le rôle de Dollard. Mes parents que je n'avais pas avertis de mon coup de tête, s'attendaient à ce que je sois l'héroïne de la pièce. Ils ont été bien déçus. Surtout maman, parce qu'elle aime bien le théâtre et me voit déjà élève au Conservatoire. Papa lui, parce qu'il va donner, ce soir, une conférence patriotique à ses Chevaliers de Colomb. Il aurait aimé pouvoir leur dire qu'aujourd'hui sa fille avait interprété le rôle du héros du Long-Sault. Les parents sont vaniteux. Ils aiment être fiers de leurs enfants. Peut-être que c'est naturel. J'ai dû m'expliquer avec eux dans la demi-heure de parloir après la séance:

— Moi, je n'aime pas les héros de guerre. Dans le récit appris dans notre Histoire du Canada, approuvée par les Évêques de la Province de Québec, on dit ni plus ni moins que tuer un Sauvage, un idolâtre, c'est héroïque, mais qu'un Sauvage, qu'un païen tue un Français, ça c'est de la barbarie, de la sauvagerie. Selon moi, tuer c'est tuer. «Tu ne tueras point» est un commandement de Dieu.

La religieuse qui surveille le parloir, même si les élèves sont avec leurs propres parents, a prononcé mon nom: «Mademoiselle Monet». Je me suis retournée. Elle m'a fait signe du haut des trois marches de sa petite estrade, de parler moins haut, en mettant son index sur les lèvres en signe de silence. Je me suis arrêtée de parler. Je tremblais de nervosité. Mes parents m'ont dit: «Calme toi, tu es tout énervée. On ne t'en veut pas. On a été désappointés, c'est tout. Tu es trop sensible, Simonne, tu vas souffrir dans la vie».

Ça m'inquiète cette phrase. Je sens qu'il y a du vrai là-dedans. Des fois les grandes personnes m'accusent d'être trop raisonneuse, d'autres fois, trop sensible, trop sentimentale. On parle de mon âge ingrat. Je dois être faite comme ça. De toute façon, les grandes personnes ne sont jamais satisfaites de nous, les fillettes; c'est pourquoi j'essaie de faire à mon goût, à mon idée, à ma tête, pour arriver à me connaître, à me comprendre. Et tant pis pour les punitions.

Beloeil, 23 juin 1931

Je viens de terminer mon cours primaire-élémentaire. Vacances! Vacances!

À la distribution des prix au Pensionnat, j'ai reçu hier des livres à tranches dorées et des légendes religieuses comme prix d'instruction religieuse et d'assiduité. À Beloeil, chez nous, m'attendait une grosse-grosse boîte enrubannée. La surprise-cadeau pour mes bonnes notes en français: toute la collection de la Comtesse de Ségur. Je suis bien contente, je vais les lire cet été.

Demain, à Montréal, c'est la procession de la St-Jean-Baptiste, rue Sherbrooke, de l'est à l'ouest! Nous irons la voir en famille, assis au balcon du Club canadien. Papa est membre de ce Club. Des chaises seront installées là comme partout sur les galeries et sur les trottoirs du parcours de la parade. Fanfare, chars allégoriques, chants, crème glacée, liqueurs, etc. C'est gai et amusant!

C'est la fête nationale des Canadiens français! Le dernier char allégorique représente toujours le petit Jean Baptiste tout frisé avec son mouton, lui aussi tout frisé. C'est un honneur pour un enfant d'être choisi. Mais c'est fatigant, des heures de temps à saluer et à sourire. Je n'aime pas ce rôle-là. Ce n'est pas le vrai Jean Baptiste qui a annoncé le Messie. Celui-là est notre patron national, non pas l'enfant frisé avec un mouton frisé.

14 juillet 1931

À la Baie Missisquoi. Beau sable. Baignade au soleil. Pique-nique avec les amis de mes parents, des Français. C'est leur fête nationale.

Ils ont tous bu beaucoup de vin rouge. Moi aussi, j'en ai bu un grand verre. Ça m'a fait un drôle d'effet. Le vin rouge, ça me réchauffe, puis ça me rend tout excitée, j'ai le goût de rire, puis de pleurer. Je vais m'asseoir sur les genoux de papa quand je prends du vin rouge. J'aime ça. Il me caresse les cheveux et me dit: «Toi, je te trouve bien fine»!

— As-tu coupé ton vin avec de l'eau?

— Non, je ne voulais pas le noyer.

Ça a fait rire tout le monde. J'avais déjà entendu dire cette phrase par une grande personne et je l'ai répétée.

24 août 1931

Aujourd'hui, papa écoute à la radio les nouvelles des élections provinciales. «Taschereau et les libéraux sont encore élus» dit-il. Je crois qu'il s'ennuie du temps où il était député. Il a dit à maman: «J'aimerais, l'an prochain, me présenter à la mairie de Montréal». S'il était élu, j'aurais une maman mère et un papa maire. Mais je ne sais pas ce qu'il pense vraiment.

Souvent, il critique les politiciens. Il dit qu'ils sont «vendus». D'un autre côté, il voudrait encore faire de la politique. Lui, il dit que ce serait honnêtement: «Ni se vendre, ni se laisser acheter, ni voler, mais passer des bonnes lois, changer des choses dans les campagnes pour rendre la vie meilleure. Dans les villes aussi».

Il parle toujours de «la crise», du manque d'argent qui force les gens pauvres et sans travail à voler. Il n'aime pas envoyer de pauvres gens en prison. Je n'aimerais pas ça être juge. Ça doit être énervant. C'est pour ça qu'il jongle beaucoup. Heureusement qu'avec moi, il fait des farces pour me faire rire. Il aime rire aussi.

2 septembre 1931

Il faut remettre notre robe de costume, même par les grosses chaleurs. Robe toute noire, ou toute blanche pour les fêtes. Elle n'a rien d'un costume du Mardi gras, ni d'un costume de séance, de mascarade.

Je grandis vite. «La mauvaise herbe, ça pousse vite!» Heureusement qu'il y avait un grand bord à ma jupe du mois de juin. Grand-maman Alain l'a allongée deux fois déjà. Mais il me faudra un uniforme neuf bientôt, neuf mais vieux, toujours le même.

Les Soeurs, elles, sont toutes en uniforme, depuis le noviciat. Elles sont bien modestes, pures et pauvres; mais elles font gaspiller bien de l'argent aux parents. Elles exigent que l'on porte toujours nos uniformes, nos robes de costume, longues jusqu'à la cheville. «Vous êtes au pensionnat et non à l'école publique.»

Pour indiquer la bonne longueur de nos jupes, elles nous font mettre à genoux et si notre jupe traîne à terre lors de la récitation du chapelet, la Soeur de discipline trouve que la robe est de bonne longueur. «La longueur d'une jupe de fille distinguée!» J'ai toujours l'impression que les Soeurs voient dans les élèves des apprenties novices pour la Communauté.

3 octobre 1931

Fête de Ste-Thérèse de l'Enfant-Jésus.

Les religieuses nous parlent souvent à nous, les élèves du cours moyen (les 11 à 14) de la petite cloîtrée de Lisieux, la Bienheureuse Thérèse. Elle a écrit elle-même sa petite vie: *L'histoire d'une âme*. Elle fut la droiture et la franchise même. Elle n'aima jamais que la vérité. Elle était toujours en amour avec Notre Seigneur jusqu'à en mourir. C'est une vie, une histoire extraordinaire, bien édifiante, comme un conte de fée, mais un conte religieux. Elle a dit avant de mourir: «Je veux passer mon Ciel à faire du bien sur la terre. Après ma mort, je vais envoyer sur terre, une pluie de roses.» Ça c'est gentil de sa part.

L'aimable petite sainte est souvent représentée sur les images avec un crucifix couvert de roses, «symbole de sa vie spirituelle et de sa céleste mission», nous a dit l'aumônier. Elle a été béatifiée en 1923 et canonisée en 1925. L'année avant mon entrée au couvent... de Beloeil. Toutes les mamans qui ont des filles veulent les appeler Thérèse comme la petite sainte.

22 octobre 1931

Aujourd'hui, je n'ai pas eu de parloir. Mes parents sont partis avec ma grand-mère Alain à Casselman et à Alexandria en Ontario, chez la famille Lalonde, les cousins et oncles de ma mère et le frère de grand-maman. Son nom de fille était Marie Lalonde. Elle est d'une famille canadienne française déménagée en Ontario pour mieux gagner sa vie. Elle a marié mon grand-père, Monsieur Allen d'Ontario.

Au couvent, les plus vieilles religieuses parlant de maman l'appellent Berthe Allen. J'aime mieux le nom d'Alain. Si j'ai un garçon plus tard, je l'appellerai Alain.

30 octobre 1931

Aujourd'hui, lecture des notes du mois.

Je ne sais pourquoi les religieuses me répètent si souvent, à chaque accroc aux règlements ou quand je me fais amie avec une élève externe qui vient de la commission scolaire:
— Mlle Monet, gardez votre rang, soyez digne de votre rang.

Elles me portent toujours respect, elles me vouvoient. Ça me gêne. À 12 ans, je ne suis pas une grande personne. Nos professeurs voudraient toujours qu'on soit première de classe, qu'on ait le premier rang dans toutes les matières. C'est impossible. Quand j'étudie bien fort et que j'ai le premier rang, je me fais haïr par mes compagnes qui me jalousent. Je perds même mes amies. Elles disent que je suis «le chouchou» des Soeurs parce que mon père est juge. J'aimerais mieux qu'il soit cordonnier.
— Mlle Simonne, rappelez-vous toujours que, par votre grand-père et votre père, vous êtes de l'élite canadienne française. Ayez donc une conduite exemplaire. Tenez votre rang! Un rang honorable! C'est le titre de votre père d'ailleurs: l'Honorable Juge.

Pour moi mon père est mon papa. C'est bien naturel; il n'y a rien d'honorable là-dedans.

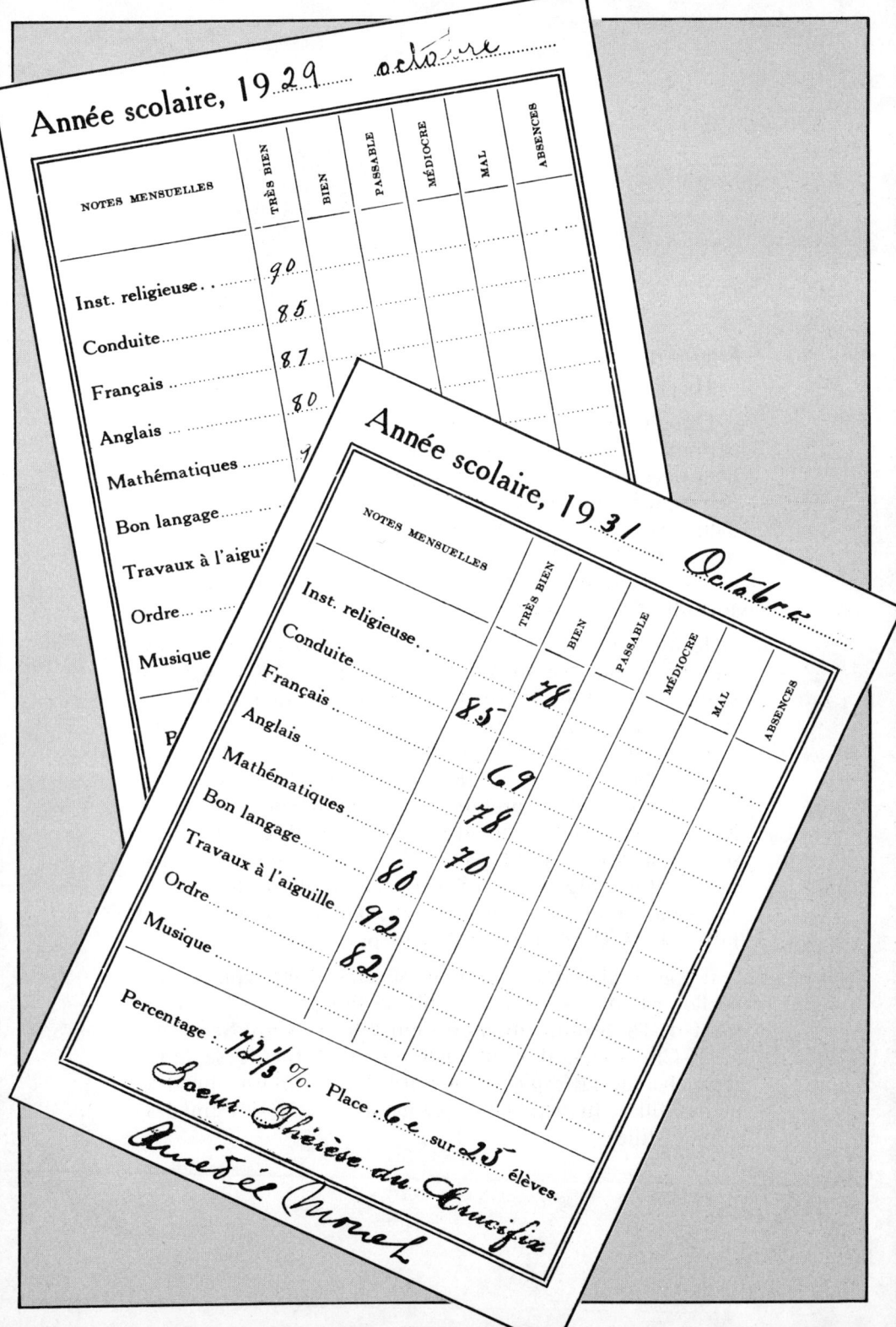

5 novembre 1931

Hier c'était ma fête. On me fêtera chez nous dimanche.

Qui suis-je à douze ans? Je suis curieuse, rêveuse, capricieuse. J'aime les rimes, les rimettes. J'aime écrire, décrire ce que je vois, ce que je pense. Aussi mes joies, mes peines, mes émotions. Ça m'est plus facile de les écrire que d'en parler aux autres. Je suis gênée avec les grandes personnes. Les petites filles de mon âge, je les trouve bébés, un peu niaiseuses même. Elles ont peur de tout et veulent surtout se faire aimer des Soeurs.

Je suis fille unique, je n'ai pas de soeur. Au couvent, il y en a beaucoup des Soeurs, mais elles aussi sont toutes des grandes personnes. Aucune Soeur, ni aucun de nos professeurs n'est maman. Les Soeurs de la Communauté font la promesse et le voeu d'être pures, pauvres et obéissantes. Elles jurent de n'aimer que Notre Seigneur Jésus-Christ et de ne prendre que Lui pour Époux. Comme les religieuses ont beaucoup de temps à elles, leur époux n'est jamais là ni pour les repas ni pour le coucher, elles prennent le temps de bien s'occuper des enfants des autres. Elles leur font la classe ou les soignent dans les crèches et les hôpitaux. C'est bien beau de leur part.

En général, elles sont trop sévères. Elles voient des péchés partout: des véniels, même des mortels (pour la mort de l'âme) qui offensent leur époux Notre Seigneur Jésus-Christ. Ça devient énervant à la fin de se faire reprocher de faire pleurer le petit Jésus. On est plus des petites filles du petit cours élémentaire! On devient des grandes filles!

3 décembre 1931

Cet après-midi, jeudi, jour de congé, maman est venue me chercher au couvent pour m'amener avec elle à la bibliothèque St-Sulpice sur la rue St-Denis, près d'Ontario, la rue, pas la province.

Il y avait un concert et des récitations des élèves du professeur de diction Mme Camille Bernard. Elle-même était au programme. Maman aime beaucoup ce genre de spectacle. Moi aussi.

23 décembre 1931

Quelques jours avant Noël, maman me demande toujours de l'aider à préparer, pour la Société Saint-Vincent de Paul, des paniers de provisions pour les pauvres et pour les Carmélites de Montréal. Je vais les porter avec mes parents au parloir de l'avenue du Carmel, près de la rue St-Denis, tout près de chez-nous.

Ça m'impressionne beaucoup ce cloître. Surtout le petit guichet de bois à l'entrée, comme un confessionnal. On entend de partout dans le petit couvent le chant des moniales. Les Carmélites canadiennes françaises n'enseignent pas, ne sortent jamais sur la rue. Elles prient tout le temps pour leur sanctification et celle du monde.

Je prie souvent la petite Thérèse Martin, devenue la Bienheureuse et la Sainte, mais je n'ai jamais reçu de «pluie de roses», à mon grand désenchantement. Je suppose qu'elle voulait dire une pluie spirituelle de vertus, de mérites. Et comme je ne suis pas très pieuse...

26 décembre 1931

C'est la première fois que mes parents m'amènent à la Messe de Minuit à la Cathédrale. «Minuit chrétien c'est l'heure solennelle» Le chant était magnifique, les voix d'hommes: ténors, barytons et basses, très bien exercées et très belles.

C'était une cérémonie très impressionnante. Le sermon a été fait par l'Archevêque de Montréal, Mgr Georges Gauthier. Je n'ai rien compris sinon que l'Enfant Jésus est né et est mort pour nous sauver de l'Enfer. Même à la Cathédrale, même avec l'Archevêque, dans l'Église catholique on parle toujours de l'Enfer. Pourtant le Christ est le Sauveur, le Rédempteur et est venu prêcher l'Amour.

12 janvier 1932

Soeur Louis-Philippe est la maîtresse de surveillance des élèves du grand cours. Elle est plus moderne d'idées. C'est la seule religieuse du couvent qui lit le Journal. Cet avant-midi, à la récréation, elle m'a fait venir, m'a prise à part et m'a fait lire une déclaration de mon père au sujet de sa future candidature à la mairie de Montréal. Dans le Journal *Le Canada*, deux articles signés par Olivar Asselin, l'un de jeudi et l'autre de ce matin, parlent de la mauvaise décision de mon père. «Un juge ne doit pas démissionner «du Banc» pour faire de la politique» écrit le journaliste.

Je ne comprends pas l'idée de mon père. Ça m'énerve bien gros d'apprendre ça. Il doit y avoir bien des discussions à ce sujet chez nous, avec la parenté et les amis. Je n'aime pas la chicane et les disputes au sujet des partis politiques. Je suis contente de coucher au couvent bien tranquille et de ne pas entendre parler de politique. Je ne sais pas si grand-maman Monet est d'accord pour que son fils ne soit plus juge, comme son mari l'a été, et devienne maire de Montréal? Et s'il est battu aux élections?

Soeur Louis-Philippe, elle, n'ose pas me donner son idée. «Les religieuses ne se mêlent pas de politique.» Mais je crois qu'elle trouve ça plus honorable d'être juge. Moi, j'ai l'impression que papa va être bien malheureux dans toute cette histoire-là.

Photo Albert Dumas

AMEDEE MONET

Juge de la Cour des Sessions de la Paix

L'ancien député du comté de Napierville est né à St-Rémi de Napierville, le 23 avril 1890, du mariage de feu l'honorable Dominique Monet, juge de la Cour Supérieure à Montréal, et de Marie-Louise Lahaie, fille de Charles Lahaie.

Il fit ses études commerciales au collège de St-Remi, ses études classiques aux collèges de l'Assomption et de Ste-Marie-de-Monnoir, et son droit à l'Université Laval, de Montréal. Admis au Barreau de la Province, le 13 janvier 1916. Fut membre de l'Association du Jeune Barreau de Montréal.

A été élu député de Napierville à la législature de Québec, en 1918, contre trois adversaires. Il n'avait que 28 ans. Réélu par acclamation en juin 1919. Fut le plus jeune député siégeant à la législature de Québec, de 1918 à 1922.

Le 13 avril 1922, il était nommé juge des Sessions de la Paix à Montréal et le 20 avril, il était assermenté comme tel, par l'honorable juge Monet, son père, fait unique dans nos annales judiciaires. Le juge Monet est le plus jeune magistrat de tout le Dominion, ayant été fait juge à l'âge de 31 ans.

M. le juge Monet est membre de l'Ordre des Chevaliers de Colomb. Membre du Cercle Universitaire, du Club Canadien, de l'Ass. Ath. Nationale, de l'Alliance Nationale, des Artisans Canadiens-Français.

A épousé, le 11 octobre 1916, Berthe Alain. De cette union sont nés deux enfants : Roger et Simonne.

Sa récréation favorite est la littérature ; son sport favori : le tourisme.

Résidence : 2258, rue St-Denis, Montréal.

Tiré de : *Biographies canadiennes-françaises*, 1923.

22 février 1932

Je me sens bien seule ce soir.

Cet après-midi, mes parents et mon petit frère Dédé sont partis en auto vers Miami, en Floride pour trois semaines. Les chanceux! Dimanche dernier, ils m'ont expliqué qu'ils devaient prendre des vacances ensemble dans un pays chaud pour le bien de leur santé. Tant mieux pour eux autres! Roger et moi sommes pensionnaires de toute façon.

Papa m'a montré leur trajet sur une carte touristique, prise à l'AOA[1] de son ami Charlie (Charles-Émile Trudeau). Je suis allée avec lui sur la rue St-Denis, près du boulevard St-Joseph, au garage de ce monsieur Trudeau qui est un organisateur politique libéral. Papa a fait mettre le Studebaker en bon état pour le voyage. Ça sentait l'huile et ça parlait de mécanique et de politique. Ça ne m'intéressait pas.

Mes parents passeront par Plattsburgh, New York, Washington, St-Petersburg, Tampa pour se rendre à Miami. Ils m'enverront des cartes postales de La Havane, de Cuba. Papa va s'acheter et fumer beaucoup de cigares, j'imagine. Ils vont nous envoyer une caisse d'oranges fraîches pour Pâques; car on est maintenant en Carême. C'est bien «platte» ces temps-ci.

Je ne sais pas si Roger s'ennuie, de son côté, pensionnaire au Collège Brébeuf. Peut-être pas. Lui, c'est un garçon, il est chanceux. Il peut faire beaucoup de sport, faire partie de toutes sortes d'équipes de garçons de tout âge. Les Pères Jésuites l'encouragent à pratiquer des jeux.

Ici, au couvent, pas de pelouse. Une cour en ciment. Aucun jeu intérieur ni extérieur. Seulement la callisthénie imposée le samedi matin. On rit pas souvent au couvent. Quand je trouve des choses drôles, j'ai le fou rire. Je ne peux m'arrêter de rire. Les Soeurs disent que c'est nerveux, que je suis «une énervée». Je m'en fiche, ça me fait du bien de rire.

1 Automobile Owner Association

Ce soir, je n'ai pas envie de rire. Je suis encore seule. Je commence à m'endormir. Tant mieux. Chez nous, maman avait l'habitude de me dire: «Bonne nuit, rêve aux Anges!» Je m'ennuie d'elle.

19 mars 1932
    Fête de St-Joseph!

Aujourd'hui, tempête de neige épouvantable! J'ai pris du froid en allant à la messe à l'église St-Jean-Baptiste. Mes douleurs de rhumatisme aux articulations sont brûlantes, terribles. J'ai demandé à téléphoner à notre médecin de famille, Docteur Hurtubise, qui me soigne depuis l'âge de cinq ans. La soeur n'a pas voulu. Elle m'a dit d'aller voir la soeur infirmière. Mais cette soeur-là n'est pas garde-malade, ni docteur. Quand j'ai des crises de rhumatisme, elle me donne toujours une aspirine et un petit liquide rouge au goût de bovril. Ça ne me guérit pas.

J'ai tellement mal que je ne peux m'endormir. Heureusement que je peux écrire mon journal à la lueur de ma petite lampe de poche que m'a donnée papa. Demain, si j'ai aussi mal aux jointures et aux doigts, je ne pourrai pas tenir ni ma plume ni mon crayon, ni pratiquer le piano. Aussi bien m'en aller me faire soigner chez nous, quitte à perdre des notes d'assiduité.

Je vais en parler à la directrice des études. Elle va me comprendre. Je l'espère...

Beloeil, 18 juin 1932
    Chaleur de Floride! Distribution des prix. Bravo! Vacances. Bravo! J'ai eu de bonnes notes et plusieurs prix. Bravo!

Papa est allé assister à la remise des prix de Roger au Collège Brébeuf. Maman est venue à Marie-Rose. Les hommes avec les garçons. Les femmes avec les filles. On se comprend mieux comme ça, pour les histoires d'éducation en tout cas.

J'avais hâte de partir du couvent, d'enlever ma longue robe blanche d'uniforme et de m'habiller plus légèrement. Mgr le curé Dubuc nous a fait les recommandations d'usage sur la modestie et la pureté des moeurs: «Ne portez pas de bas courts ni de robes sans manches. Donnez le bon exemple. Soyez fidèles à assister aux messes des premiers vendredis du mois de juillet et d'août. Avec les garçons, soyez réservées. Gardez vos distances, votre innocence.»

Ouf! les sermons sont toujours les mêmes et toujours trop longs. Les grandes personnes se répètent. Rien de neuf ni d'original. Beaucoup de bons conseils...

«Au revoir! En septembre!»

17 juillet 1932

Journée épouvantable. Pluie comme un déluge. Orage électrique. Panne d'électricité. En plus à la CIL de Mac Masterville, explosion de dynamite. À trois milles de là, des vitres de notre maison ont été craquées, d'autres brisées. Heureusement que les ouvriers ne travaillaient pas aujourd'hui; ils seraient morts sûrement.

Papa m'apprend à ne pas avoir peur du tonnerre, mais aujourd'hui j'ai cru que c'était un tremblement de terre et la fin du monde. Les prêtres disent que le monde est si méchant que le bon Dieu va envoyer des châtiments comme en Palestine à Sodome et Gomorrhe près de la Mer Morte.

Un bon Dieu qui du haut du Ciel punit les humains, je ne crois pas à ça. Ce sont les hommes qui font eux-mêmes des explosifs, des guerres, des massacres et s'entretuent. C'est leur faute. Le bon Dieu et le Christ enseignent l'Amour, eux.

Beloeil, 31 août 1932

Aujourd'hui, jour exceptionnel! Vers une heure et demie de l'après-midi, durant deux à trois minutes, il y a eu une éclipse totale de soleil.

Ces jours-ci j'ai lu dans les journaux les explications des hommes de sciences sur l'éclipse et regardé les illustrations. C'est difficile à comprendre mais ce n'est pas un mystère. Ça s'explique.

Il ne semble pas y avoir de femmes savantes, à part *Les Précieuses Ridicules* de Molière que les grandes élèves du cours de diction ont joué cet hiver à la séance annuelle. Faut croire que les femmes sont trop dans la lune et rêvent aux étoiles sans se donner la peine d'étudier les astres. Ça viendra peut-être après les études classiques des filles au collège. Elles seront aussi instruites que leurs frères, je l'espère.

3 octobre 1932

Hier soir mes parents m'ont amenée voir, à l'Impérial, une pièce de théâtre très célèbre: *l'Aiglon*, d'Edmond Rostand. Le héros de ce drame est le fils de Napoléon 1er. L'Aiglon est un adolescent qui rêve à la gloire, aux honneurs de l'Empire. Lors de sa naissance, il avait été proclamé Roi de Rome. Grand enfant gâté, riche et un peu fou.

Cette longue pièce en six actes est écrite tout en vers. C'est extraordinaire. Moi qui aime la rime, les rimettes, j'ai été ravie d'entendre de grandes tirades. Celle du soldat Poilu a été bien applaudie: «Eh nous! les petits, les obscurs, les sans-grade, nous ne l'étions pas peut-être fatigués?»

L'histoire de ce drame est bien triste, les personnages malheureux. Ce fut une belle soirée de théâtre. Dans l'automobile, lors du retour, papa m'a donné une leçon d'histoire et maman a fait des commentaires sur le jeu des acteurs et la mise en scène. Mes parents ont des conversations intéressantes et très instructives.

10 décembre 1932

Grand événement! Pour la première fois, je suis allée au Forum avec mon père assister à une partie de hockey entre Ottawa et les Canadiens.

Le Club Canadien a gagné 3 à 2. Tant mieux! Ça m'a bien excitée de voir une grande foule applaudir, se lever debout et crier. Les amateurs veulent toujours que leur club préféré gagne. Ils parient de l'argent, se chicanent entre voisins d'estrade.

Tout ce bruit fait contraste avec le silence imposé du couvent. Papa m'a expliqué les règlements et le pourquoi des punitions: «Tu peux connaître et comprendre ça aussi bien qu'un garçon.» J'ai été surprise de voir que les grandes personnes se donnent entre elles des punitions. Il y a, au hockey, un arbitre pour ça, comme au couvent, une maîtresse de discipline.

18 décembre 1932

J'ai fait encore une belle sortie avec mes parents. Dans un grand hôtel, le Mount Royal. On y parle surtout anglais. Mais le concert-causerie portait sur Calixa Lavallée et était en français. On connaît le chant patriotique *O Canada*, composé par ce musicien, mais on ne connaît pas ses autres compositions.

Le conférencier était Armand Lavergne. Il a fait bien des mots d'esprit. L'assistance l'a applaudi. Papa est allé le saluer après la représentation et a discuté avec lui. Maman et moi, on a dû l'attendre assez longtemps dans la pièce

d'entrée. Les Anglais disent le Hall. Maman a passé une remarque. C'est plutôt rare de sa part. Voyant que j'étais fatiguée d'attendre papa, debout dans l'entrée, elle m'a dit:
— Simonne, les hommes publics connus, il faut s'habituer à les attendre, nous leurs femmes. Leur carrière passe avant leur famille.

Ça doit être vrai. Malgré que papa s'occupe beaucoup de nous tous, les enfants.

28 décembre 1932

Pendant les vacances de Noël grand-maman Monet joue au bridge avec ses fils Amédée et Fabio et maman. Elle connaît tous les trucs, toutes les règles, les «finasseries», qu'elle appelle ça. Elle a été plus chanceuse dans la vie que pauvre grand-mère Alain, humble, pauvre, inconnue. Celle-ci me dit que je n'ai pas mauvais caractère, mais «du caractère». Papa, lui, dit que c'est correct de même, «d'avoir du caractère». Que ma petite personnalité apparaît.

Je ne suis pas qu'une bonne écolière, mais aussi une petite fille intéressée à la vie extérieure, à l'actualité, aux bonnes oeuvres de maman, à ses idées de «suffragette», aux décisions de papa sur le Banc, à ses jugements publics et à ses conférences. C'est un Chevalier de Colomb bien connu et un bon conférencier. Il me lit parfois des extraits de ses discours et jugements.

Maman, elle, me trouve trop jeune pour comprendre. Elle veut me garder «petite fille» toujours, parce que je suis sa seule fille. Son bébé Jacqueline est mort à trois mois et demi. Ça lui a fait bien de la peine; elle en parle encore. Moi, ça m'énerve. Papa dit qu'il ne faut pas revenir en arrière, sur les malheurs passés.

19 février 1933

Mes parents sont vraiment très dévoués. Ils s'occupent beaucoup de mon instruction. Ils m'initient aux arts, me font entendre de la musique classique exécutée par de grands artistes.

Vers 3 heures, encore à l'hôtel anglais, le Ritz Carlton, rue Sherbrooke ouest, nous avons tous les trois écouté le pianiste canadien français, Paul Doyon. Même devenu aveugle, il donne des concerts. Ça m'a bien impressionnée de le voir jouer si bien, les yeux morts sous ses lunettes fumées.

22 avril 1933

À 3 heures, cet après-midi, papa est parti avec mon petit frère Dédé assister, au Forum, aux courses des «Six jours». Vers 10 heures ce soir, il y est retourné avec mon grand frère Roger. Moi, je n'ai pas voulu y aller, les bicyclettes tournent trop vite, ça m'étourdit.

De mon côté, je suis sortie seule avec maman. Elle m'a amenée au théâtre Impérial entendre l'Opéra *Madame Butterfly* du compositeur italien Puccini. J'ai pleuré quand j'ai vu la peine de la Japonaise abandonnée par l'amiral américain.

En amour, les hommes font souvent souffrir les femmes. Elles peuvent mourir du mal d'amour, comme les saintes Thérèse ou les grandes amoureuses mondaines. Je désire un jour être en amour, mais j'ai aussi peur de souffrir plus que de jouir, plus que d'être heureuse.

Beloeil, 22 juin 1933

Vacances! Vacances!

À dix heures ce matin, distribution des prix. Programme habituel: musique d'ouverture, pièce musicale à quatre mains, chant de la chorale, lecture de notes, robe et gants blancs d'uniforme. Chaque élève, externe ou pensionnaire, part de l'estrade, descend les quelques marches par l'allée centrale et va recueillir ses prix. Révérences, salutations et sourires aux présidents d'honneur de la cérémonie, «merci ma Soeur», «merci Monseigneur», «merci M. le Juge», «merci Mme la Présidente de l'Amicale». La religieuse, maîtresse de diction fait la nomenclature des notes par matières et parfois seulement de la moyenne en pourcentage. J'ai eu au-dessus de 90% sauf en mathématiques.

Papa, comme d'habitude à cette occasion, m'a acheté un bel album. Celui-ci est en toile bleu-gris. Il s'intitule: *Les Contes de Shakespeare*. Des dessins illustrent les principaux personnages de ses pièces de théâtre. J'avoue, ici dans mon journal, que j'ai été déçue de ce choix. Je n'aime pas les drames, les meurtres, les assassinats, les grands exploits. Papa m'a dit qu'il fallait connaître les oeuvres de Shakespeare et que le conteur français Charles Lamb les rendait très agréables à la lecture.

Beloeil, 23 juin 1933

Aujourd'hui c'était la distribution des prix de mon grand frère au Collège de l'Assomption, qui fête son centenaire. Mon grand-père Dominique, mon père Amédée et mon frère Roger ont tous fréquenté ce collège classique, moins snob que ceux des congrégations religieuses de Montréal. Papa m'a dit que les professeurs de ce collège sont compétents, studieux et dévoués et donnent le goût de l'étude.

Moi, je préfère rester ici et me baigner dans le Richelieu, plutôt que d'aller dans ce vieux collège à cette distribution des prix. De toute façon, papa a dit hier qu'il amènerait Roger au cinéma Palace à leur sortie du collège.

Mes parents ont discuté à table, du film *Come up and see me sometimes* de l'actrice américaine Mae West. Maman dit que cette actrice est très commune et ses films trop vulgaires pour être vus par les jeunes, surtout par son fils. Peut-être que les hommes, eux, aiment voir ce genre de femme au cinéma. Mae West, paraît-il, porte des robes sans épaulettes et prend même sur les affiches de cinéma des poses osées et «suggestives».

L'âge ingrat

Le péché d'Ève

« L'âge ingrat est une rude épreuve mais c'est l'épreuve de la chrysalide humaine brisant ses lisières et prenant son essor. Aidons le papillon à ouvrir ses ailes, engourdi dans le cocon de l'enfance ».

Henri Brémont
Cité dans *La fillette à l'âge ingrat* de Berthe Bernage, Fides, 1947.

Je venais d'avoir douze ans. Un soir, alors que j'écoutais à la chapelle du pensionnat la musique de l'harmonium, je me sentis soudain, toute chaude, toute froide, puis tout étourdie. À la fois souffrante et légère. Je voyais des étoiles. Je perdis l'équilibre. Je crus avoir une vision: aller au Ciel! Je m'évanouis; je me réveillai à l'infirmerie, malheureusement bien loin du Ciel.

— Mademoiselle Monet, sortez des limbes! Vous venez d'être indisposée. Vous êtes «une grande fille». Ce sera un beau souvenir pour vous, car c'est l'année de votre réception d'Enfant de Marie.

— Mais, ma soeur, je saigne. Je suis tombée du prie-Dieu en écoutant l'harmonium. Je veux appeler mon père. Il va venir me chercher. Notre médecin de famille va me soigner.

— Non, non. On ne parle pas de ces choses-là aux hommes, pas même à son père.

— De quelles choses?

— Ne posez pas toujours des questions et cessez de pleurnicher. Je ferai venir une finissante qui viendra vous dire quoi faire dans pareilles circonstances. Couchez-vous et attendez-là, bien sagement, sans vous agiter. Récitez votre chapelet, ça passera le temps.

— Mais j'ai mal au ventre et je saigne tout le temps! Mes sous-vêtements, mes bas sont tachés. Je veux prendre un bain.

— Calmez-vous. Surtout pas de bain dans votre état. Promettez-moi de ne pas parler de cela à vos petites compagnes. Ce sang, c'est le signe de la punition d'Ève chassée du paradis terrestre. Ce sont les suites du péché originel. Chaque femme en porte les conséquences, dans sa chair. Vous êtes devenue femme, une future mère. Quand vous serez mariée et que vous aurez des enfants, vous passerez sous le couteau. Il faut vous habituer à souffrir...

— Je vais donc toujours saigner...

— Mais avec chaque enfant, vous ferez un élu pour le Ciel. Vous aurez fait votre devoir d'État et vous aurez une belle couronne au Ciel.

— Mais ma Soeur, je veux m'en aller chez nous et me faire soigner. J'ai mal, très mal.

— On va vous apporter des linges propres, tout blancs, ceux de la communauté.

— Mais je ne veux pas les tacher, les salir — des linges blancs d'une communauté religieuse...

— Il se vend des serviettes sanitaires dans le commerce. Une graduée aura demain, une permission spéciale; elle ira, durant la période de récréation, vous acheter ces serviettes. Vous les utiliserez deux, trois ou quatre jours pour l'écoulement menstruel. Cette perte de sang est voulue de Dieu. Vous l'aurez de la puberté à la ménopause.

— Ça n'a pas de bon sens cette histoire de péché, de serviettes, de bébé, de sang, de couronne au Ciel... (pleurs) Je veux téléphoner à mon père. Et j'irai, même si je tache les beaux planchers cirés des corridors avec ma puberté...

Et scandale... Ainsi fut fait, malgré les cris des religieuses rencontrées sur mon parcours vers la boîte téléphonique. On me refusa d'appeler chez moi. Je fis faire le message par une semi-pensionnaire: «Appelle papa, Atlantic 1320, et dis-lui que je saigne». On me reconduisit au dortoir. Je pleurais à chaudes larmes.

Une religieuse, gardienne du dortoir des grandes, m'entendit sangloter et vint alors me retrouver. Elle comprit ma détresse, me caressa la joue et me dit sur un ton de confidence:

— Simonne, tu aimes bien ta famille, surtout ton papa, n'est-ce pas?

— Oh, oui! Vous savez, la soeur infirmière m'a défendu de lui téléphoner. Je veux qu'il me ramène à la maison pour que notre médecin me soigne. Je saigne.

— Ta mère t'a-t-elle déjà dit, qu'à ton âge, tu serais menstruée?

— Non, jamais. Est-ce une autre maladie?

— Non, c'est naturel.

— Qu'est-ce que ça veut dire, être menstruée? Si maman ne m'en a jamais parlé, c'est peut-être qu'elle ne le sait pas elle-même?

— Oui, elle le sait. Elle est menstruée, elle aussi.

— Et vous?

— Bien sûr, comme toutes les femmes.
Elle m'expliqua clairement ce phénomène biologique.

— Si maman n'a pas voulu m'en parler, c'est que je suis peut-être une enfant adoptée. On dit toujours que je ne ressemble pas à ma mère.

— Qui est-ce qui t'a mis pareille idée en tête?

— Personne. Je remarque des choses pas normales. Notre logement est grand. On a l'hiver, une bonne pour faire le ménage, le service de table et aider maman à préparer les réceptions pour les invités de papa. Mais je vis toujours pensionnaire dans un couvent à Montréal... Ce n'est pas normal. Pourquoi suis-je pensionnaire? On me dit que c'est pour une meilleure éducation.

— Sûrement. Tes parents et le médecin en ont décidé ainsi. C'est probablement pour que tu aies une vie plus paisible, une vie disciplinée et des heures d'étude en silence. La vie régulière du couvent, ta mère la connaît. Je sais que tes parents t'aiment beaucoup.

— Comment le savez-vous?

— J'habitais le même village que ton père. Nos familles se fréquentaient. C'est ainsi que j'ai connu ton père. Ça fait longtemps de cela. Maintenant Simonne, tu es une «grande fille». On m'a dit qu'aujourd'hui tu es menstruée et très troublée de «la chose». Tu deviens pubère, ton corps se prépare à devenir celui d'une femme, d'une maman.

— Une maman? Quand serai-je maman?

— Beaucoup plus tard.

— Ouf! Tant mieux!

— Pour le moment, ce qui t'arrive est normal physiquement; on appelle ces pertes de sang, des menstruations. On dit: Avoir des règles!

Emprisonnée dans le milieu scolaire, je pensai alors aux règles de grammaire et aux coups de règle sur les doigts, lors des leçons de piano et des pratiques de gammes. Que venaient donc faire ces nouvelles règles de sang dans ma vie? Comment étais-je devenue soudain une «grande fille»? Nouveau mystère à croire, comme celui de la Sainte Trinité, de l'Incarnation et tous les autres... Heureusement que Soeur Louis-Philippe me l'avait un peu expliqué, celui-là. C'était plus facile à comprendre.

Cette religieuse était belle et souriante. Elle me dit tout bas en me caressant la joue:

— Pour te consoler Simonne, je vais te raconter une belle histoire J'ai été très amoureuse de ton papa quand j'avais dix-sept ans. Il était gai, très gai, courtois, fin causeur et brillant élève. On s'écrivait en cachette et on échangeait des poèmes par correspondance et par personnes interposées. Il habitait alors St-Jean d'Iberville où ton grand-père a fait bâtir, face au canal, une grande maison de briques. Amédée a connu et fréquenté plusieurs jeunes filles à St-Jean: de jeunes artistes musiciennes et chanteuses. Par la suite, il a rencontré, à Montréal, une étudiante du Conservatoire Lassalle, Berthe Alain et l'a épousée. Il avait oublié nos amourettes de seize ans, mais pas moi... J'ai eu une grande peine d'amour...

Quand il est parti étudier à Montréal, je savais que je ne le reverrais plus. J'ai alors décidé de devenir religieuse et de me consacrer à l'enseignement... Depuis ce temps, je suis une éducatrice et contente de ma vocation. Simonne, j'espère que tu apprécies ton père. Tu es bien favorisée dans la vie, par ton milieu familial et social. Le sais-tu?

Maintenant que je t'ai fait une confidence, je me fie sur ta discrétion. À l'avenir, tu pourras venir me poser toutes les questions qui t'embarrassent. Je suis ton amie. Simonne, promets-moi d'enlever de ta tête l'idée que tu es une «fille adoptée». Il n'en est rien. Si tu veux, moi, je t'adopte dans mon coeur.

Je vais faire des démarches pour que tu aies une permission spéciale de fin de semaine pour aller chez toi, te reposer. Tu as de bonnes notes en classe. La Supérieure ne me refusera pas cette demande. Une autre fois, je te dirai mon nom de jeune fille et tu pourras saluer ton père de ma part.

Prévenu par Soeur Supérieure de mon «indisposition», mon père est aussitôt venu me chercher en automobile. Très affectueusement, il me dit:

— Tu as bien fait de nous prévenir ta mère et moi. Le médecin viendra t'examiner à la maison. Mais ce qui t'arrive est tout à fait normal. Docteur Hurtubise te l'expliquera. Ça n'a rien à voir avec le péché, ni les tiens, ni celui d'Ève. Ne te fais plus de peine. Je te ramène à la maison pour la fin de semaine.

Ma mère, toute surprise de «l'événement», jugé par elle prématuré, essaya de mieux m'expliquer le phénomène biologique des menstruations. Tout redevenait normal. J'étais rassurée. Mais j'avais quelque peu perdu confiance dans les connaissances physiologiques et psychologiques de la plupart des religieuses du couvent. Leurs histoires invraisemblables, où le diable, le péché et l'enfer jouaient un rôle de premier plan, ne me feraient plus peur.

POIL — PUBIS — PUBERTÉ — PÉCHÉ

Me voici affligée de nouveau.
Du poil pousse au bas de mon ventre.
C'est laid! Affreux!
Pourquoi avoir ce poil?

Alors, comme toujours, pour réponse à mes questions, j'ai recours au dictionnaire. La surveillante de la salle d'étude me suspecte et trouve malsain de tant fouiller dans le dictionnaire. Je cherche la définition du mot «poil» qui s'appliquerait à mon cas.

Dans le dictionnaire, on ne mentionne rien sur le poil des filles et pourtant les prêtres parlent des péchés poilus. Je continue à chercher un peu plus loin. Me voilà rendue au mot «puberté». Celui-là, je l'ai appris de Soeur Louis-Philippe.« *Puberté*: période de la vie marquée par le début d'activité des glandes reproductrices et la manifestation de certains caractères sexuels secondaires. Chez l'homme, pilosité, mue de la voix, saillie de la pomme d'Adam.» Ah! Ah! la fameuse pomme d'Adam!

«*Pubescent(e)*: Se dit d'une tige, d'une feuille, garnie de poils très fins, imitant le duvet.»

Et chez la femme? Le dictionnaire n'en dit rien. Et maman ne m'en a pas parlé. Moi, je suis trop gênée pour lui en parler...

* * *

À la fin de juin, je suis invitée chez tante Élisabeth Poulin Monet, à l'île Ste-Thérèse, près du canal de Chambly, pour un pique-nique familial. Tante Élisabeth me plaisait beaucoup. Affectueuse et intelligente, elle me paraissait plus gaie et plus épanouie que les autres femmes de la famille. Bonne cuisinière, elle faisait une soupe aux légumes et tomates que j'aimais particulièrement. Peu de temps après le pique-nique, elle me dit:
— Simonne, viens-tu te baigner? Il fait si beau!
— Je vais demander la permission à maman. Elle craint toujours les noyades.

Puis, je me déshabillai pour mettre mon costume de bain. J'étais quand même gênée de me mettre nue. Au couvent, c'était défendu. J'avais peur qu'elle remarque le poil qui poussait et en parle à maman. En toute simplicité, elle enleva, devant moi, sa robe et ses sous-vêtements.

— Ah! vous aussi, ma tante?
— Que veux-tu dire?
— Vous êtes poilue?
— Bien oui, c'est normal.

Brève explication, rires et embrassades. Bonne baignade. Depuis cet incident cocasse, j'ai toujours eu pour tante Élisabeth une amitié «particulière».

Dix ans plus tard, lors de mon mariage, mon plus précieux cadeau de noces fut celui offert par tante Élisabeth: une broderie encadrée représentant une maisonnette entourée de peupliers et de fleurs. Elle avait dessiné et brodé, avec des fils de couleur sur du lin naturel, une maison campagnarde, symbole de notre nouveau foyer. Ce cadre, toujours suspendu au mur du salon, témoigne encore aujourd'hui de la délicatesse et de l'affection de tante Élisabeth.

* * *

Le vendredi soir, au couvent, c'était la purification des corps; à tour de rôle, les pensionnaires des petit, moyen et grand cours prenaient leur bain. À la salle de toilette, j'ai ôté ma jaquette pour me mettre toute nue dans le bain. La surveillante du dortoir qui faisait sa ronde, a vu par l'espace au bas de la porte de la salle de bain numéro 4, ma chemise de nuit tombée du crochet.

— Qui est dans la baignoire numéro 4?
— Simonne Monet, ma Soeur.
— Vous vous baignez toute nue, mademoiselle Monet?
— Bien oui, ma Soeur, je suis toute seule et je ne dois pas mouiller ma robe de nuit.
— Ce n'est pas une raison! Rhabillez-vous et sortez de là au plus vite. On ne doit jamais être complètement nue. Dorénavant, vous prendrez un bain d'éponge dans votre cellule.
— Mais, je n'ai pas d'éponge!
— Vous prendrez votre débarbouillette et vous vous laverez sous votre robe de nuit.
— Je n'ai jamais fait ça. Ça n'a pas de bon sens.
— Sortez immédiatement de la salle de bain!

Je suis sortie, à peine épongée, tout énervée et très fâchée contre cette soeur trop sévère. À peine la porte refermée, j'ai voulu aller tout de suite à ma cellule. La même soeur m'a arrêtée aussitôt:

— Maintenant ma fille, excusez-vous d'avoir répliqué. Allez, vous êtes têtue et orgueilleuse!

— Et vous, trop scrupuleuse! Vous voyez des péchés partout et tout le temps. Je me baignais tranquillement, sans rien faire de mal.

— Complètement nue.

— Oui, je me baigne toujours comme ça depuis ma naissance. Ici comme chez nous. C'est normal. Vous, ma Soeur, vous baignez-vous avec votre jupon?

— Impertinente! Effrontée! Pour persister à répliquer, à contredire mon autorité de surveillante, vous serez privée de parloir dimanche.

— Vous n'avez pas le droit de m'empêcher d'aller au parloir. Mes parents sont en voyage, mais ma marraine doit partir de St-Jean pour venir me voir dimanche. C'est ma grand-mère Monet. Elle est âgée.

— Je ne veux pas savoir votre histoire de famille. J'avertirai votre maîtresse de discipline de la punition que je vous ai imposée pour votre impudeur et votre effronterie.

— Moi, j'irai demain matin prévenir Soeur Supérieure et tout lui expliquer. Elle est moins sévère que vous. Elle me donnera droit à mon parloir.

Si j'ai écrit toute cette longue histoire dans mon cahier-journal d'alors, en mars 1932, c'est que j'en étais très choquée. Je l'ai écrite pour ne rien oublier de cette conversation et pour pouvoir la raconter à mes parents à leur retour de Floride. Autrement, ils auraient pensé que j'inventais ça. Eux, ils en ont ri.

Papa disait souvent: «Quand un ordre, un règlement n'a pas de bon sens, on peut en discuter. Le bon sens a ses droits.» Voilà!

Un 13 chanceux!

4 novembre 1932

C'est un samedi, jour de congé! J'ai treize ans aujourd'hui! À mon arrivée du couvent, papa me demande:

— Quel cadeau veux-tu que je t'offre pour ta fête? Quel cadeau te ferait vraiment plaisir?

— Une journée passée toute seule avec toi. Sans la famille et les cérémonies habituelles: les parents, le gâteau, les chandelles,... On se promènera... J'aimerais voir Beloeil, habillé en hiver... On pourrait manger «Chez Pierre». J'aime beaucoup le cuisinier. Il est drôle. Il parle à la française. Son haut chapeau blanc empesé me fait rire. Il ressemble vraiment à sa photo exposée dans l'entrée du restaurant.

— Pierre est un grand cuisinier. Je vais souvent manger là. J'y invite ta mère et mes amis. Aujourd'hui tu es mon invitée d'honneur.

Nous voici donc en route.

— Bonjour, ma petite demoiselle! Qu'est-ce qu'on vous sert aujourd'hui? Toujours aussi peu d'appétit? Bien voyons, il faut rire! Vous êtes trop sérieuse. Vous allez au couvent, je suppose?

— Oui, et pensionnaire, par-dessus le marché!

— Ah! ça, c'est triste le pensionnat!

— Papa m'invite à dîner. J'ai treize ans, aujourd'hui!

— Félicitations! Vous êtes grande pour votre âge, mais trop maigre et trop pâle. Je vous apporte un bon dîner: de la viande rouge et deux desserts...

Jusqu'à ce jour, je ne mangeais jamais de viande parce que j'avais vu saigner un cochon dans la cour du boucher, je l'avais entendu hurler. Je trouvais les hommes très cruels et les bêtes misérables.

Pierre nous offre, en entrée, une tête fromagée et du boudin farci, des tripes de Caen. Évidemment, je n'en mange pas; je ne prends que de la soupe et deux desserts. Puis, papa et moi partons pour Beloeil.

C'est la première neige. Un cadeau du ciel! Un tout autre paysage. Nous arrivons chez nous. Mon père ouvre la porte centrale donnant sur la grande galerie et vite, vite, papier et bois sec sont ramassés pour faire un bon feu dans le poêle à bois. C'est la première fois que je vois papa à l'oeuvre dans des petits travaux ménagers. Ça me fait rire. «Quand j'étais petit, à St-Rémi, c'est moi qui rentrais le bois et surveillais les feux du poêle de cuisine.»

Je grimpe en vitesse à ma chambre. Tout est bien rangé pour le repos de l'hiver. Rien d'excitant là! Alors, je cours au troisième, pour fouiller dans les vieux coffres du grenier... Papa m'appelle. «Redescends, tu vas prendre froid là-haut.»

Pour terminer ce grand jour, papa décide de m'amener souper et coucher à l'Auberge des Brises, face à la rivière Richelieu, à un demi-mille de chez nous. Une vraie fantaisie! Un vrai cadeau!... Le lendemain, le paysage est lumineux et enneigé, les branches sont lourdes de givre, les champs tout blancs et la rivière pas tout à fait gelée, mais agitée par le vent.

Nous allons acheter des oeufs frais chez un cultivateur qui me donne un beau minou pour mon anniversaire. Je suis heureuse, comblée. Pas de gâteau traditionnel avec les chandelles roses et les bons conseils de la parenté pour me dire au souper de fête: «Maintenant, tu es une grande fille. C'est fini les rêvasseries, les pleurnichages...» Oui, pour moi, le chiffre treize est un chiffre chanceux!

Mon confident

Beloeil, 29 juin 1933

Bien agréable baignade sur le fleuve St-Laurent à Verchères.

D'après mes notes de lectures et les histoires que m'ont racontées mes parents, j'ai remarqué que bien des héroïnes étaient de très très jeunes filles, des fillettes, par exemple: Madeleine de Verchères et Sainte Geneviève de Paris. Jeanne d'Arc a entendu les voix de l'archange Michel et de Sainte Catherine à l'âge de treize ans; Thérèse de Lisieux, au même âge, était toujours sûre de sa vocation religieuse. La belle Juliette de Roméo de Shakespeare, je l'ai lu la semaine dernière dans les contes de Charles Lamb, n'avait que quatorze ans.

Les parents et les surveillantes devraient mieux nous comprendre nous, les fillettes, au lieu de toujours chercher à nous faire obéir, coûte que coûte, à casser «nos petits caractères». S'ils savaient qu'à notre âge, on éprouve des souffrances et des peines qu'on doit souvent garder secrètes, par crainte d'être punies ou réprimandées. Dans les récréations, les élèves semblent être gaies, insouciantes; mais au lit, le soir, on est triste et sans sommeil.

Je suis nerveuse, triste et inquiète de mon sort, sans trop savoir pourquoi. Physiquement, mes jambes et bras sont trop longs, je suis trop grande, trop maigre, pas jolie, gauche et maladroite. Je fais des grands rêves d'avenir, d'amour. J'ai des désirs que je ne peux confier, sinon parfois à mon amie Lorraine. Je suis gênée d'en parler à maman.

Souvent, chez nous, quand il y a de la visite, j'entends des conversations, des répliques, des mots, je vois des scènes qui m'impressionnent beaucoup. J'observe aussi les gestes d'affection, de jalousie entre les grandes personnes et ça me tracasse. Je ne sais pas si les histoires d'amour, c'est bien ou mal, ou normal. Mon plus grand plaisir est la lecture, mais je ne sais si les jeunes héroïnes sont des exceptions, ou si je peux devenir, comme elles. Si je peux enfin sortir de cet âge ingrat...

1er juillet 1933

Fête de la Confédération! Papa m'a amenée, avec maman, à l'Impérial, entendre l'opéra *Thaïs* du compositeur français Jules Massenet. C'est l'histoire des amours, des drames, des passions des grandes personnes. C'est tragique, ça m'énerve.

Autre chose qui m'énerve, c'est d'entendre parler les Soeurs et les parents de l'âge ingrat. Ça fait deux ans que les adultes disent et répètent devant moi, à propos de tout et de rien: «Vous êtes à l'âge ingrat.» Peut-être qu'ils ne nous trouvent pas assez reconnaissants. On ne peut pas passer notre vie à leur dire: Merci! Merci! en reconnaissance pour tout: l'instruction, la nourriture, les vêtements, les cadeaux, etc. On veut aussi pouvoir donner notre idée sur les gens et les choses. Je ne suis pas ingrate pourtant, j'apprécie bien mes parents et les religieuses qui se dévouent pour moi.

Je suis entre l'enfance et la jeunesse. Je ne suis plus une enfant, je suis menstruée, mais pas encore une jeune fille. Ma grand-mère m'a dit l'autre soir qu'à partir du temps où une fillette a «ses règles», si un homme la touche, elle peut devenir mère.

— Alors sois prudente ma petite fille, ne te laisse pas trop approcher par les hommes, même des hommes parents ou amis de ton père ou de ton frère.

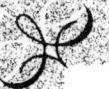

Bien des jeunes filles très jeunes ont été amoureuses et frivoles. Les hommes les ont séduites. Elles se sont retrouvées grosses, avec un enfant dans le ventre. Elles ont perdu leur virginité. Les hommes les ont abandonnées. C'était la faute de ces don Juan, beaux parleurs d'amour. Les pauvres filles restent alors seules. Elles ont perdu leur honneur et leur réputation. L'homme, lui, n'est jamais trouvé coupable, le père naturel ne se déclare pas en public. Les familles, même catholiques chassent de leur foyer — pour mauvais exemple aux plus jeunes enfants — les filles-mères. Elles se réfugient «à la Miséricorde» et deviennent parfois des «Madeleines» chez les Soeurs à Montréal.

Elles mettent au monde un enfant illégitime, souvent abandonné à la crèche pour adoption. Si elles sortent de la Miséricorde sans le pardon de leurs familles, sans travail et sans fiancé pour les marier, parce qu'elles ne sont plus vierges, elles font alors le trottoir pour gagner leur vie.

Grand-maman m'a raconté là une bien triste histoire. Je comprends mieux que la vie est difficile et pas juste pour les filles. «Sois donc toujours très distante, très réservée.» Les Soeurs nous disent la même chose.

— Qu'est-ce que ça veut dire être réservée? Pour qui être réservée grand-maman?

— Pour le fiancé, pour «ton futur», l'homme qui deviendra ton mari, ton protecteur, ton maître.

— Et la maîtresse, elle?

— N'emploie pas ce mot-là. La maîtresse est la mauvaise femme qui détourne le mari de son épouse.

— Mais pourquoi le mari, lui se dit le maître et la femme ne peut être la maîtresse?

— Parce que c'est ainsi. Le mari est le chef de la femme, Saint Paul le dit. Le curé qui marie les époux lit cet épître sur la soumission de la femme au mari. Mais tu as bien le temps d'en arriver là. Fais attention aux hommes qui te font et te feront des compliments.

J'ai appris de grand-maman Monet le danger des amourettes, des hommes-loups. Je me demande si je

connais des don Juan, moi? Et qu'est-ce que cette histoire de trottoir pour gagner sa vie? Les grandes personnes ne nous expliquent jamais clairement la vie. On dirait qu'elles trouvent ça laid et triste ou dangereux. En général, elles sont gênées de parler avec les enfants et les fillettes de ce qu'elles appellent «les choses de la vie».

Les grandes personnes nous énervent avec leurs histoires, genre «Petit chaperon rouge». Quand l'été en auto, on traverse le petit bois entre Beloeil et St-Marc pour aller cueillir des mûres, on chante tous en choeur, «Y a des loups Muguette» et on poursuit le couplet:

> **Mais grand-maman grognon**
> **dit en rajustant son lorgnon:**
> **«Quand on est coquette**
> **Y a des loups partout**
> **Ouh! Ouh! Ouh!**
> **Muguette, prends bien garde aux loups».**

Beloeil, 20 août 1933

Aujourd'hui, dîner et souper de famille en l'honneur de la fête de Roger. Ses meilleurs amis, oncle Wilfrid et tante Élisabeth étaient invités.

J'avais demandé à maman de choisir moi-même une robe neuve pour cette fête — une robe à mon goût — achetée dans un grand magasin. C'est toujours maman qui choisit seule mes vêtements ou grand-maman Alain qui les taille et les coud à son idée; elles sont rarement à mon goût. Je ne puis lui dire car ce serait impoli et elle me trouverait encore ingrate.

J'ai trop grandi vite. J'ai les bras et les jambes trop longues, de tout petits seins, un corps maigre. J'ai toujours l'impression que les garçons rient de moi et me trouve niaiseuse et laide. Je ne veux pas être habillée comme une fillette ni comme une fille mondaine. En dedans comme en dehors de moi tout me tiraille. J'ai des drôles d'idées plein la tête. Si j'exprime un goût original ou une opinion personnelle, je me fais tout de suite rabrouer par les plus vieux. Alors des fois, je décide de me taire. À nouveau on me dispute, on me reproche de bouder, «de faire la tête», d'avoir l'esprit fort; ça ne semble pas être un compliment.

Je n'ai pas hâte de retourner au couvent le 5 septembre. À la maison, il y a aussi des règlements, mais ils ont du bon sens. Mes parents ne sont pas trop sévères. Ils veulent mon bien physique et moral. J'aime que l'on me donne les vraies raisons des défenses. J'aimerais être conseillée plutôt que commandée par les adultes. J'aimerais être accompagnée plutôt que tenue par la main. Maman m'appelle encore «sa petite fille». Pourtant à l'automne, j'aurai 14 ans.

Avant, quand j'étais plus jeune, j'aimais bien rester avec mes grands-mères. Elles me racontaient des histoires. Maintenant elles sont devenues plus sévères. Il semble que je leur apparais ingrate et révoltée. «Elle ne fait qu'à sa tête» ou «elle se tait ou elle rêve» disent-elles. Elles ont peut-être raison. Mais moi, j'ai le droit d'être moi-même, d'avoir ma vie à moi, d'être différente «des petites filles modèles» de la comtesse de Ségur.

4 novembre 1933

Mes parents m'ont fêtée à la Toussaint pour mes quatorze ans. Ils m'ont donné la bascule, mais gentiment sans me casser les os... Ça m'a quand même déplu. Sur mon gâteau de fête, 15 bougies. «Une de plus pour la sagesse...» Décidément, il faut commencer jeune à être sage.

Maman m'a acheté une petite bourse brune en velours. Grand-mère Alain m'a taillé un tablier, l'a brodé avec de la «flase» de couleurs et y a cousu des appliqués de broderie sur les poches. C'est un peu trop chic pour un tablier. Enfin... C'est plutôt un vêtement de parure, de fantaisie. Je n'aime pas tellement porter des tabliers. Grand-mère Monet elle, m'a offert un petit bracelet en or.

Quant à papa, il a choisi avec maman chez Birk's pour mon cadeau, la première pièce d'un service de toilette en argent pour mettre sur ma «commode-vanity». Un miroir ovale avec mes initiales gravées m'a été présenté dans une boîte bleue avec un papier d'emballage à fleurs roses. Peut-être veulent-ils m'encourager à être plus coquette? Au couvent, la coquetterie est vue comme une tentation, un caprice, même un défaut; mais dans la vie mondaine la coquetterie est vue comme une qualité féminine.

Voici les voeux que je m'adresse, mes souhaits et désirs.

Être musicienne! Pouvoir jouer ce que les «Grands Maîtres» ont composé et joué, ah! quel rêve! Mais vient l'heure de la leçon de piano, mes longs doigts fins, dits «de musicienne» ne peuvent que jouer une très facile pièce qui n'exprime pas mes sentiments. Les compositeurs souvent presque inconnus qu'on nous fait interpréter ne devaient pas avoir l'âme mystique et musicale. Quatre ans d'études musicales. Déjà! J'espère mais je ne crois pas devenir pianiste. Pas assez de patience, de talent. Des doigts trop douloureux.

Être poète! Pouvoir exprimer par de simples mots de très jolies choses, pouvoir décrire la nature en termes vibrants, pouvoir écrire en rêvant et rêver en écrivant, pouvoir définir la vie, l'amour, la beauté et tout cela en vers, en mots riches et purs, enfin savoir chanter le bonheur, accepter la douleur, écrire mes moindres pensées. Ah! quelle chance ont les poètes d'être nés poètes. Et pourtant, ils sont malheureux.

Je veux être philosophe, saisir les choses les plus arides, trouver le pourquoi des actes et des êtres, comprendre tous les phénomènes moraux et psychologiques. Je désire étudier la philosophie. Je veux être apôtre, donner ma vie au service des humbles, des pauvres, des affligés. Donner mon ardeur et mon temps aux infidèles, aux délaissés, aux déroutés, donner mon âme à Dieu et à sa gloire. Ah! quel bonheur sacré!

Être très intellectuelle, vivre de l'esprit, étudier constamment, apprendre, connaître, savoir, jouir de ce que je sais, désirer ce qui échappe à mon esprit. Ah! quelle satisfaction! Les années de formation coulent comme un gai ruisseau, et m'apportent cet idéal noble, pur, grand et chrétien. Les événements importants dans ma vie d'écolière sont les cérémonies religieuses, les réceptions dans les différentes congrégations, les notes de chaque mois, enfin... les diplômes de chaque fin d'année. Mais par-dessus tout, le plaisir d'apprendre...

Ma personnalité apparaît, se dessine. Jeune écolière de 14 ans, je deviens une jeune fille sérieuse. Je me forme pour avoir un jugement sûr par l'observation des faits et personnes; ce qui me donne une étrange conception des choses; avec ça un goût de psychologie que vraiment je cherche à développer. J'aime à faire valoir mes opinions, à affirmer mes convictions, à me montrer importante face aux adultes qui ne nous comprennent pas. «L'âge ingrat.» Je n'aime pas cette expression. J'ai plutôt l'âge d'être incomprise.

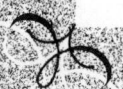

Chronique
de couventine

«Pour une bonne éducation»

«Ah! vous dirais-je maman
Qu'au couvent c'est ennuyant
On se couche à l'heure des poules
On se lève à l'heure des coqs
Ah! vous dirais-je maman
Qu'au couvent c'est ennuyant».

Au couvent j'apprends dans les livres beaucoup de principes, de règles. Je suis éduquée surtout à me discipliner l'esprit et les émotions.

Le règlement est sévère et ne m'est pas agréable. Les religieuses aussi sont exigeantes sur l'obéissance et les bonnes notes. La vie est toute réglée d'avance, monotone. L'étude, la religion, le silence. Aucune surprise, aucune fantaisie. On ne rit pas souvent. Heureusement que mes quelques amies adoucissent les moments rudes et sombres, les peines inévitables et l'ennui de ma vie de pensionnat. Mais les amitiés «particulières» sont mal vues par les religieuses.

Plusieurs de mes professeurs m'estiment, je crois, pour mon bon rendement scolaire. Elles n'aiment pas mon esprit d'indépendance, mon esprit porté à la critique de leurs manières de penser et de faire mon esprit porté à la critique de leurs manières de penser et de faire, comme celles de l'aumônier, «notre chef spirituel», disent-elles.

J'accepte d'être pensionnaire parce que ça me permet de mieux étudier en silence. Chez nous, c'est plus gai, mais il y a beaucoup de visites, de va-et-vient. Au couvent, c'est tout le contraire: c'est ennuyeux et triste, mais c'est bon pour la réflexion, l'étude et le travail individuel.

Extrait de Journal 1933

De mon temps, la grande loi du pensionnat c'était le silence. Défense de parler au dortoir. Défense de parler dans les rangs. Défense de parler au réfectoire, si ce n'est après la prière et la lecture du martyrologue. Silence avant le Deo Gratias! Évidemment, silence à la chapelle et à l'étude.

La récréation? Heureusement, il y avait trois périodes de récréation par jour, dont deux collations. À la collation de l'après-midi, les religieuses nous apportaient des tartines à la mélasse. Aime ça, aime pas ça... C'était toujours la même collation. «Elles contiennent du fer nécessaire à la croissance.» Quant aux fruits, hors de prix, ils n'étaient pas au menu. Les oranges et les noix de Grenoble faisaient partie à l'époque, «en grand spécial» de notre bas de Noël fabriqué à la maison le plus souvent par mes grands-mères. C'était à la fois une surprise et une drôlerie. On le suspendait à la cheminée ou dans l'arbre de Noël.

J'apprenais aussi comment me comporter à la chapelle et au réfectoire:
— Maintenant, nourrissons nos âmes en même temps que nos corps.
— Benedicamus Domino! Deo Gratias!
— Bon appétit ma Soeur!

Cinq ou six élèves, parmi les graduées ou les sous-graduées, qui possédaient une meilleure diction, se partageaient, tour à tour, le privilège d'être lectrice. Elles prenaient place au centre du réfectoire, debout sur une estrade et faisaient la lecture de la vie des saints et du martyrologue. Tous les détails des tortures des vierges, des chrétiens martyrisés étaient évoqués. J'en perdais l'appétit. Cette vie sévère me chagrinait. J'ai toujours eu de la difficulté à accepter ce mode de vie fondé sur l'interdit.

Au couvent, la disposition des objets et des personnes en une ligne droite semblait très importante: une rangée de lits, de pupitres, de fougères, de chaises et même des rangées d'élèves, comme des rangées de soldats. Le rang que chacune des religieuses et des élèves occupait dans la hiérarchie sociale de la Communauté était bien établi dans les règlements, dans la vie quotidienne.

Les rubans d'honneur des grandes élèves étaient remis, en séance plénière mensuelle pour récompenser la bonne conduite. On remettait aux élèves du cours supérieur le ruban bleu de la Congrégation des Enfants de Marie et aux «moyennes» le ruban vert de la Congrégation des Anges gardiens. Enfin, aux «petites», revenaient les rubans rouges de la Congrégation de l'Enfant-Jésus.

«Silence! Mesdemoiselles, placez-vous en rang pour les évolutions.»

On appelait ainsi les mouvements exécutés sur coups de claquette et de cloche qui réglementaient le va-et-vient entre les salles: de la salle de cours à celle de la récréation, de l'étude, de la chapelle, du réfectoire, du dortoir etc. Toujours selon le rang de grandeur, de scolarité. Même pour la marche du midi, à l'extérieur des murs du couvent, les pensionnaires étaient placées deux à deux, en rang de grandeur. La maîtresse de discipline décidait du trajet dans le quadrilatère des rues Rachel — St-Hubert — Mont-Royal — St-Denis.

Un midi, je pris l'initiative (sous-graduée, donc assez «haut gradée» et la plus grande donc en tête des marcheuses) d'aller sur la rue Rachel, en direction du Mont Royal, vers le parc Jeanne-Mance. C'était un magnifique jour de printemps. J'avais la nostalgie de la verdure, des arbres et des grands espaces de Beloeil. Je fus vite arrêtée par la maîtresse de discipline qui me somma de revenir immédiatement vers le couvent. «Mlle Monet, sans autorisation, vous allez vers un quartier juif!»

Je refusai d'obéir, mais je fus forcée de revenir vers la rue Henri-Julien pour y être sévèrement punie.

— Mademoiselle Monet, pas de parloir durant un mois, pas de congé du mois. Voilà la punition de votre désobéissance et de votre indiscipline.

Mes parents furent surpris de la sévérité de cette punition et mirent en doute son bien-fondé. D'autant plus, qu'ils en étaient eux aussi les victimes. Mais les parents n'avaient pas à intervenir dans les décisions des religieuses. Les champs d'autorité et de juridiction étaient bien délimités. Chacun à sa place.

Le rang de grandeur, le rang d'honneur, le ruban d'honneur, la place d'honneur, l'estrade d'honneur, les invités d'honneur... l'évêque, le missionnaire d'Afrique, le curé Prélat Domestique de la Maison de Sa Sainteté, et même M. le Juge Monet et Mme Amédée Monet nos conférenciers d'honneur...

Par mauvais temps, la récréation se passait à l'intérieur. Alors, défense de courir dans les corridors, défense de rire trop fort et surtout de mâcher de la gomme: «Ce n'est pas distingué, c'est commun, c'est même vulgaire», nous disait la maîtresse de discipline.

— Vous vous comportez comme les filles qui travaillent dans les usines et les magasins de 5-10-15. Ici, rappelez-vous que vous êtes au pensionnat. Soyez distinguées.

Lors de ces récréations, j'aimais beaucoup me promener dans les corridors pour essayer de rencontrer d'autres filles que celles de ma classe, de préférence de très jeunes élèves, car je n'avais pas de petite soeur, ou des filles plus âgées déjà au Grand Cours. Je me faisais alors punir par les surveillantes du grand et du petit cours, parce que je parlais et riais avec elles.

— Traîneuse de corridor. Allez donc comme les autres à la salle de récréation et terminez votre tricot.

Le dimanche matin, un bon petit déjeuner aux fèves à la mélasse et aux biscuits au gingembre, entrecoupait les deux offices religieux auxquels nous devions participer: la basse messe et la communion à la chapelle, puis la grande messe, à l'église St-Jean-Baptiste. Ensuite venait la distribution des notes de discipline: maintien, assiduité, respect des règlements, etc. Nous devions toujours porter nos uniformes noirs, des bas noirs bien tirés, des souliers parfaitement cirés et des gants noirs. Nous entrions toutes dans la grande salle où nous attendait Soeur Directrice, invitée par notre maîtresse de discipline.

— Commençons par les notes attribuées aux élèves du petit cours, nos chères petites.

— Mademoiselle Monet: mention très bien. Politesse: 9 sur 10. Application: 9 sur 10. Maintien: 9 sur 10. Travail scolaire: 9 sur 10. Ordre et discipline, quelle note croyez-vous mériter? Vous parlez dans les rangs, dans les escaliers, à la toilette. Même au dortoir où c'est défendu. Si vous ne voulez pas faire amende honorable, devant les religieuses et vos compagnes, vous serez punie. Vous perdrez le droit de porter votre ruban rouge de la Congrégation de l'Enfant-Jésus.

Plus tard, adolescente, j'ai perdu l'honneur de porter le ruban vert des Anges gardiens, puis jeune fille, le ruban bleu des Enfants de Marie. C'était toujours à cause de mon incorrigible habitude de poser des questions, de jaser et de rire dans les rangs et dans les nombreuses «évolutions». Durant toutes ces années, j'ai aussi perdu, tour à tour, la médaille, la chaîne, la visite au parloir, le congé du mois, le «privilège du téléphone» et autres «privilèges».

LES ENFANTS DE MARIE

Le 8 décembre, fête de l'Immaculée Conception, était le jour désigné pour la remise des diplômes d'Agrégation des Enfants de Marie. L'admission dans cette Congrégation prenait une importance exagérée. On a toujours été enfant de Marie, de Dieu — ou jamais — me semblait-il.

La cérémonie religieuse avait lieu à la chapelle. Pour la circonstance nous devions porter nos robes blanches de costume. Soeur Louise-Andrée, accompagnée par la religieuse qui touchait l'harmonium, chantait en solo *J'irai la voir un jour*. Ce chant était repris en choeur par toutes les élèves reçues, ce jour-là, dans la Congrégation.

DIPLOME D'AGRÉGATION

JE SUIS L'IMMACULÉE CONCEPTION

TOUT A NOTRE REINE ET NOTRE MÈRE!
O Vierge Immaculée, vous êtes l'honneur de notre sexe, notre joie et notre espérance. Régnez sur nos cœurs, et possédez les sans partage.

Au nom du Père et du Fils et du Saint-Esprit, Ainsi soit-il.

O Vierge Immaculée, Mère de DIEU, moi *Simonne Monet* vous choisis en ce jour, pour ma Reine, ma Patronne et mon Avocate. Je prends la ferme et invariable résolution de ne jamais vous abandonner, de ne jamais rien dire, ni faire contre votre service, de ne jamais permettre que ceux qui dépendront de moi blessent en rien l'honneur qui vous est dû. Je vous en conjure donc, recevez-moi pour votre perpétuelle servante, assistez-moi dans toutes mes actions, et ne m'abandonnez pas à l'heure de ma mort. Ainsi soit-il.

Signé de ma main

L'an de Notre Seigneur 1933, le **8** du mois de décembre a été admise dans la Congrégation des *Enfants de Marie* du pensionnat *Marie-Rose* M*lle* *Simonne Monet*

Sœur Marie-Honorius, directrice.   Ls-Ph. Allaire, ptre

Je n'avais pas aimé faire signer, par près de vingt religieuses, ma demande d'admission dans la Congrégation des Enfants de Marie, comme si c'était une faveur! C'était un peu ridicule et humiliant. Enfin, c'était la coutume, la tradition. Mais à travers tout ce cérémonial religieux, on oubliait de nous dire que Marie était une femme et une mère. Moi, c'est ainsi que je la voyais: comme la mère de Jésus et non pas comme la Sainte Vierge. J'aimais lui parler mais non pas répéter tous les jours de nombreux *Je vous salue Marie*. Ça cessait d'être une prière pour devenir une habitude, comme le chapelet. Mais j'aimais bien l'idée d'être l'enfant de Marie et l'amie de son Fils.

J.M.

Je sollicite la faveur d'être admise dans la congrégation des Enfants de Marie.

Rappelez-vous toujours les promesses d'aujourd'hui afin de sortir avec honneur le beau titre d'enfant de Marie.

Soeur Supérieure — Avec plaisir
Soeur M. Louis de France, dirce. — Oui
Soeur M. Catherine de Gênes — Avec plaisir
Soeur Marie Gilles — Avec plaisir
Soeur Marie Bénilda — Oui
Soeur Marie Edouardine — Avec plaisir
Soeur Marie Honorius — Avec plaisir. Que la protection de Marie soit avec toi et qu'elle t'accorde ses plus précieuses faveurs.
Soeur M. Hélène de Ste Croix — Oui
Soeur Jean Marie Dominique — Oui
Soeur M. François Emmanuel — Oui, que Marie vous aide toujours
Soeur Paul de Marie — Oui, avec plaisir
Soeur Louis du Divin Coeur — Oui, j'ai toujours aimé la Ste Vierge
Soeur M. Emma du Sacré Coeur — Oui
Soeur M. du St Sacrement — Oui, oui, oui, oui, oui.
Soeur M. Joseph du Rédempteur — Oui
Soeur M. Eugénie de Jésus — Oui
Soeur M. Louis-Eugène — Oui
Soeur M. Paul du Rédempteur — Non pas d'objection
Soeur M. Simon de Jésus — Oui
Soeur M. Louise Andrée — Oui

Les passe-droits de «la fille du juge»

Amédée Monet, hiver 1938.

1923

C'était l'été, nous habitions à Ahuntsic, près de la Rivière des Prairies. J'étais assise sur un petit cheval de bois. Mon frère Roger se promenait sur son tricycle CCM tout neuf. Nous étions tout près de la maison de bois, louée pour l'été. L'auto de papa longeait le petit trottoir de bois. Papa était le seul, sur cette rue, à posséder une automobile. Tout à coup, j'ai laissé là mon cheval berçant et je suis allée retrouver maman qui étendait nos vêtements sur la corde à linge.

— Maman, pourquoi papa a-t-il une belle Ford? les papas de mes petites amies n'en ont pas.

— Parce que ton papa est député. Tout le monde n'est pas député. Puis, quelques années plus tard, à Beloeil cette fois:

— Maman, pourquoi papa ne paye-t-il pas l'amende quand il va trop vite? Pourquoi la police ne le punit-elle pas?

— Parce que ton papa est juge. La police ne punit pas les juges.

— Et pourquoi?

— Simonne, tu poses trop de questions. Ça suffit! De toute façon, tu es trop jeune pour comprendre. Retourne jouer gentiment.

1938

— Mademoiselle, vous dépassez la limite de vitesse. Je dois vous donner une contravention. Vos papiers, s'il-vous-plaît. Oh pardon! Je ne savais pas que vous étiez la fille du juge Monet. J'annule la contravention.

— Mais pas du tout! Je dois payer comme tout le monde. Pas de favoritisme!

1940

— J'ai réservé deux billets pour le concert de Yehudi Menuhin ce soir. Combien vous dois-je?

— Pour vous, mademoiselle Monet, l'entrée est libre. Monsieur le directeur Alexandre de Sève vous les offre. Ce sont des billets complimentaires.

— Remerciez-le, mais j'insiste pour payer ces billets.

* * *

Au pensionnat, il y avait des catégories de religieuses et d'élèves: les religieuses enseignantes et les religieuses tourières, les élèves «de bonne famille», celles de familles aisées, et quelques-unes de la Commission scolaire; ces élèves étaient souvent parmi les plus douées. Cette situation me paraissait injuste même si elle m'avantageait, comme enfant privilégiée. J'ai été tour à tour grande pensionnaire, demi-pensionnaire, pensionnaire de semaine et externe.

Une jeune fille de bonne famille, venant surtout d'un milieu professionnel, se devait d'avoir des loisirs culturels et d'être cultivée. La pratique des arts (chant, piano, théâtre) était bien cotée au pensionnat. Quant au cours d'art culinaire, de couture et de crochet, ils étaient considérés essentiels à la formation d'une future ménagère et d'une bonne mère de famille.

Toutes les semaines, les pensionnaires devaient suivre un cours de cuisine. À la fin du cours, nous goûtions, à la petite cuiller ou à la petite fourchette, aux mets préparés. Les rares élèves qui avaient de l'argent de poche, dans leurs «poches de soeur»[1], pouvaient acheter les plats du jour; ce qui restait allait tout droit sur les tables du réfectoire des religieuses. Certaines élèves n'ont jamais eu la possibilité de se payer un mets qu'elles avaient préparé. J'en fus témoin, année après année.

1 Petit sac tenu par un cordon sous une robe, qu'on peut atteindre par une fente invisible dans un des plis de la jupe.

Pas d'argent: pas de sucre à la crème, pas de pâte feuilletée, pas de pastilles colorées à l'essence de menthe, pas de bâtonnets à la mélasse. J'étais gênée d'avoir la possibilité d'acheter cette nourriture de luxe. Au réfectoire, je l'offrais à mes compagnes de table et je n'en mangeais pas.

Les membres du choeur de chant étaient choisies pour leur belle voix naturelle et leur apparence physique. Lors des récitals, ces élèves étaient placées aux premiers rangs. Les autres devaient se contenter de les écouter, en silence, à l'occasion des répétitions et des auditions musicales.

Des élèves, chanteuses au talent prometteur, avaient la possibilité de cultiver leur voix. Aussi, Marcelle Monette chantait tous les solos d'oeuvres classiques, tant religieuses que profanes. Je l'admirais autant que la contralto Anna Malenfant qui était souvent l'invitée d'honneur des concerts au Pensionnat. Toutefois, je trouvais et j'osais le dire aux professeurs d'art musical, que les talents de bien des élèves auraient dû être encouragés et développés au lieu de favoriser uniquement quelques élèves plus talentueuses. L'exercice des arts était alors, et est encore, considéré comme un privilège, un luxe que seule peut se payer une minorité de personnes.

Je n'avais aucun talent pour le dessin mais j'aimais et j'étudiais le piano et le chant, même sans succès, parce que mes parents pouvaient défrayer le coût des leçons. À quinze ans, mes parents m'ont inscrite aux récitals-causeries d'initiation à l'orchestre symphonique. Puis, à dix-sept ans, je suivais des cours d'histoire de la musique à l'École Supérieure d'Outremont (aujourd'hui Vincent-d'Indy), mon professeur était Romain-Octave Pelletier. Des professeurs de chant, de grands maîtres pianistes tels : Jean Dansereau, Soeur Marie-Maximilien et Soeur Marie-Stéphane y enseignaient et y donnaient des récitals. J'y assistais. J'étais encore et toujours une privilégiée !

Correspondance de pensionnaire

L'Assomption, 3 novembre 1933

Mademoiselle Simonne Monet
Montréal

Chère Simonne,

Il y a beaucoup d'événements dans la vie, mais la fête de quelqu'un qu'on aime, encore plus de notre soeur, ne passe jamais inaperçue. C'est de tout mon coeur, chère petite soeur, que je te souhaite nombre d'années encore, ainsi que de nombreux succès dans tes études.

J'espère que cette année nouvelle qui s'ouvre devant toi ne contiendra que du bonheur et de la joie, et puisse Dieu, du plus profond de sa divinité, combler tes voeux les plus secrets.

Il est vrai sans doute qu'étant pensionnaire, je n'ai pas l'occasion de te prouver l'affection que doit toujours avoir un jeune garçon pour sa soeur.

De nombreux becs, ton grand frère

Roger
Étudiant en Rhétorique

Pensionnat Marie-Rose
6 septembre 1935

M. Amédée Monet,
Beloeil

Mon cher papa,

J'aurais dû vous écrire avant aujourd'hui mais les occupations d'écolière sont si nombreuses et le règlement si sévère que je n'ai pu le faire avant cette date.

Je m'ennuie de vous et avec raison. Cette année les religieuses se sont donné la main pour nous faire observer le règlement de plus près et nous donner la correction voulue. Nous n'avons aucun jeu pour nous amuser dans la cour de ciment et le parloir du jeudi est supprimé; le tout contribue à nous faire regretter nos belles journées passées librement «chez nous».

J'aime ma classe et mes compagnes. Mon professeur est très intéressant mais les matières à apprendre en troisième année Lettres Sciences demandent de la réflexion et du courage à l'étude. J'ai même décidé de faire deux années d'études dans une et de me préparer aux examens du Brevet d'enseignement. Voici donc les dernières nouvelles du couvent mais là n'est pas l'unique but de ma lettre.

En enfant reconnaissante, je dois vous remercier de toutes vos bontés paternelles, surtout lors des dernières vacances. Vous nous avez payé à Roger et à moi un splendide voyage à Old Orchard, près de la mer, pour récompenser nos succès scolaires. Vous vous êtes toujours empressé de répondre à nos moindres désirs et d'exaucer nos demandes. Donc, sincère merci pour ces marques de tendresse et d'intérêt à notre égard.

L'autre soir, au dortoir, réfléchissant sérieusement (car on sait réfléchir à près de 16 ans) je trouvais justes les remarques que vous m'avez faites à la fin de l'été. Il est vrai que les parents voient d'un oeil plus sage que les enfants... Cher papa, vous avez eu quelque reproche à me faire cet été. Mes fautes ne sont pas dues à de la mauvaise volonté, mais (cela vous paraîtra étrange) à un manque d'affection envers moi de quelques membres de la famille...

D'abord de la part de mon grand frère Roger que je voudrais aimer, duquel j'ai été éloignée pendant sept ans, c'est-à-dire durant toutes nos années de pensionnat. Il m'est maintenant presque étranger. Rien ne *saurait être plus aimable il me semble, qu'un frère qui aime réellement sa soeur plus jeune, la guide, la soutient, la console de ses peines; mais tel n'est plus le cas de mon grand frère de six pieds et deux pouces.*

Il me traite depuis un an ou deux en étrangère, en couventine, en petite fille. Pourtant, j'ai vieilli, j'aurai bientôt 16 ans. Il n'aime pas que je parle à ses amis. Si eux m'invitent à danser ou au cinéma, il me fait des scènes, des colères de jalousie. Il veut garder ses amis pour lui tout seul et me snobe avec «son Collège Brébeuf» et ses études classiques.

Quant à maman, c'est délicat d'en parler. Je sais qu'elle m'aime beaucoup, mais ce qui me chagrine, c'est de voir qu'elle est si distante avec moi, qu'elle me traite souvent en étrangère, m'appelant «Mademoiselle la couventine», par ironie ou froide politesse.

Rarement, elle me parlera sérieusement de femme à femme. Si elle ne fait pas un pas pour recevoir mes confidences, je ne puis être confiante avec elle et lui confier mes amours, mes rêves. Heureusement que j'ai une bonne amie Lorraine, ma compagne de classe.

N'ayant personne de ma famille pour me comprendre, je me suis toujours consolée seule. Je suis très franche et vous expose la situation telle qu'elle est. Être pensionnaire n'est pas ce qui peut animer la vie de famille, raviver l'intimité. On se connaît peu entre nous, étant chacun de son côté; on éprouve la douleur de cette séparation, mais on reste comme indépendants les uns des autres alors qu'on devrait être plus intimes, plus unis. Je veux donc être externe afin de pouvoir jouir des bienfaits de la vie de famille, et en même temps goûter à plein mes deux dernières années d'études au couvent sans tant m'ennuyer de chez nous.

Je suis, dit-on, «la fille à papa». Oui, il est vrai, j'ai toujours été plus portée vers vous que vers maman parce que vous êtes plus tendre, plus gai, plus indulgent. Vous m'écrivez quelquefois au couvent, vous répondez à mes lettres, ce qui me rend très heureuse, vous me donnez une si belle instruction et éducation. Papa, vient un âge où plusieurs horizons s'ouvrent devant nous, où nous commençons à comprendre ce qu'est la Vie, comment il faut l'employer, le bien qu'il faut faire, le mal qu'il faut éviter; on a donc besoin de guide, de conseils, d'affection et de confiance en soi.

Et comment peut-on bien connaître ses parents, quand on les voit une fois par semaine, au parloir sous les yeux de la surveillante?

Je suis très sensible et j'ai toujours pleuré cette distance entre certains membres de notre famille et moi... Comme vous le voyez, même à seize ans, vivant entourée de délicatesse et jouissant même du superflu, une jeune écolière peut souffrir intérieurement et c'est mon cas... Je vous en prie, répondez à ma demande et à cette lettre au plus tôt et accordez-moi d'être externe.

Cher papa, je suis allée à vous avec confiance et j'attends de vous la réciproque. Encouragez-moi, comprenez-moi et rendez-moi mon «chez-nous» au plus tôt.

Votre Simonne qui vous aime tendrement et qui vous remercie pour le passé, le présent et l'avenir.

Simonne

6 septembre 1935

Cher papa,

Si je te vouvoie dans la lettre que les religieuses t'ont fait parvenir, c'est dû à l'intervention et à l'exigence de la maîtresse de discipline, soeur Honorius, qui trouve inconsevable que je tutoie mes parents surtout un père juge — Ah! Ah! Ah!

Ce petit mot d'explication te parviendra, sous pli à part, par l'entremise d'une amie externe. La chanceuse!

Salue tout le monde.

Simonnette

Les Amicales

Ma mère fut de 1932 à 1936 la présidente d'honneur de l'Amicale des Anciennes du pensionnat. Elle participait aux diverses activités de l'Amicale: cercle missionnaire, cercle de couture et cercle littéraire. Elle rédigeait et présentait aussi une conférence lors de la fête annuelle de l'Amicale le 6 octobre, fête de Mère Marie-Rose.

Révérende Marie de France,
directrice du Pensionnat,

Chères compagnes,

En cette fête anniversaire de Mère Marie-Rose (1811-1849), permettez-moi de vous rappeler quelques brèves notes historiques concernant notre fondatrice et notre Amicale. La peinture exposée ici dans cette salle, une huile sur toile du peintre Théophile Hamel, nous rappelle sa présence.

L'Amicale Marie-Rose a été fondée en 1926 à l'occasion du cinquantenaire de l'Académie devenue plus tard le Pensionnat qui porte le nom de sa fondatrice. Soeur Marie Adelme, supérieure du Pensionnat fut présidente honoraire du premier conseil laïque de notre Amicale, conseil élu le 5 juin 1929.

Notre fondatrice, née Eulalie Durocher, le 6 octobre 1811 à St-Antoine sur Richelieu, élève des Soeurs de la Présentation de Marie, de St-Hyacinthe, fonda en 1843 la communauté enseignante des Soeurs des Saints-Noms-de-Jésus-et-de-Marie. La maison de fondation de 1843 et première maison-mère existe toujours, rue St-Charles à Longueuil.

Auparavant Eulalie Durocher habita trente-deux ans sur les bords du Richelieu où elle eut entre autres occupations celles de ménagère et de gouvernante chez son frère le curé de Beloeil. Elle vécut six années seulement de vie religieuse, dans le premier couvent de Longueuil, face au fleuve St-Laurent. Elle y décéda à l'âge de trente-huit ans. Sa vocation avait été inspirée par Pierre Tel, artiste et orateur sacré.

Mgr Ignace Bourget, deuxième évêque de Montréal, sacré le 23 avril 1840, se rendit lui-même en France solliciter la présence des Oblats de Marie-Immaculée (o.m.i.) dans son diocèse, pour qu'ils deviennent maîtres des novices de la nouvelle communauté enseignante.

Pour ce qui est de notre Alma Mater, la première maison s'est élevée en 1875. Le 14 septembre 1876, les premières classes s'ouvrirent dans un édifice de 105 pieds sur 55 pieds, rue Rachel; on y a reçu, dès le début, 18 «quarts-de-pension» et plus de 200 élèves de la Commission Scolaire paroissiale du village St-Jean Baptiste. En 1882, on commença à accepter des pensionnaires de semaine.

Les annales de notre Alma Mater signalent qu'en 1894 et 1895, les élèves ont pu obtenir les premiers diplômes d'enseignement élémentaire et modèle. C'est ce diplôme que j'ai moi-même obtenu dans cette institution.

* * *

LA MAISON S'EST AGRANDIE

En 1906, une annexe à l'angle Henri-Julien comprenait particulièrement une chapelle spacieuse où la première messe a été célébrée le 24 mars 1907. J'y ai assisté comme écolière et plus tard en 1927, ma fille Simonne y fit sa Première Communion. Ce sont de merveilleux souvenirs!

En 1920, on construisit un portique en pierre de taille et en 1921, une clôture de fer remplaça la clôture de bois. En 1927, une nouvelle annexe s'est érigée à l'angle Drolet pour réfectoires, chambres et dortoirs. Ma fille Simonne alors toute jeune écolière pensionnaire, a connu l'époque de ces transformations.

*extrait de la conférence
prononcée le 6 octobre 1932*

C'est dans cette maison que nous avons appris à aimer le devoir, que nous nous sommes préparées à la vie. C'est encore dans cette maison que nous devons revenir pour apprendre notre devoir actuel de femme chrétienne et canadienne-française. En puisant ici les leçons de patriotisme et de devoir social, nous resterons dans le cadre qui convient à la femme de notre foi et de notre race. Et cela relève d'un suprême bon sens.

*extrait d'une conférence
prononcée en 1933*

Ce qu'il y a de bon en ce pays est le fruit de l'amour des mères. Nous avons une mission, dans le monde, mission toute de douceur, de persuasion, de foi invincible, de charme, de grâce et de suavité. Le monde des âmes est notre domaine. Voilà pourquoi les Amicales comme la nôtre sont d'une si grande utilité.

Serrons les rangs, les vides se font toujours trop tôt, unissons-nous dans un même esprit de charité pour répandre autour de nous un peu de soleil, pour jeter dans le désarroi des êtres atteints par la crise mondiale que nous traversons, un sourire discret, une parole réconfortante.

*extrait d'une conférence
prononcée en 1936*

J'assistais avec mes compagnes à cette cérémonie annuelle de l'Amicale. La présidente nous obtenait un congé. Nous devions pratiquer le service de table et servir, aux dames de l'Amicale, un goûter de circonstance.
Nous revêtions alors un tablier spécial, en organza brodé avec dentelles et volants.

— Mesdemoiselles, nous devons vous préparer et vous former dès le pensionnat «à bien faire les choses», à bien recevoir dans les formes de la bonne société. N'oubliez jamais votre rôle primordial qui est d'être avant tout, la femme maîtresse du foyer.

Berthe ALAIN-MONET

Née à Montréal, le 14 février 1892, du mariage de Lazare Alain avec Marie Lalonde. A reçu son éducation au couvent des Sœurs des Saints Noms de Jésus et Marie.

Elle s'intéresse grandement à toutes les œuvres de philanthropie et de bienfaisance, ses œuvres de prédilection étant l'Hôpital Ste-Justine et l'Institution des Sourdes-Muettes, dont elle est l'une des Dames Patronnesses.

Son foyer est son occupation favorite et sa récréation, la lecture.

Le 11 octobre 1916, elle a épousé Amédée Monet, ~~ancien~~ député du comté de Napierville à la Législature, et maintenant juge de la Cour des Sessions de la Paix, à Montréal.

De ce mariage sont nés deux enfants: Roger et Simon
Résidence: 2258, rue St-Denis, Montréal.

Tiré de: *Biographies canadiennes-françaises.*

Ma mère, femme forte et hypersensible

Après la mort de maman, en octobre 1961, j'ai retrouvé dans ses coffrets toutes les lettres que je lui avais adressées durant plus de trente ans. Aussi des programmes de concerts de piano et de chant, de théâtre, auxquels j'avais participé. Au verso des programmes, elle ajoutait des notes personnelles: «Ma petite Simonne est très douée pour le piano — sa sonatine a été jouée avec beaucoup de sensibilité.» Dans une boîte de bois étaient rangés mes bulletins, mes diplômes et certificats d'études. Enfin, dans un plus petit coffre, quelques-uns de ses textes de conférences.

Ma mère avait, par sa forte taille et sa tenue, une certaine prestance. Quand elle lisait une adresse en public, dans les diverses oeuvres de bienfaisance pour lesquelles elle se dévouait, elle dégageait une grande force morale. En ces circonstances, elle m'impressionnait beaucoup.

Dans les précieux coffrets du sous-sol de sa maison de Longueuil, à ma grande surprise, j'ai découvert sur une simple enveloppe, ces mots inscrits de sa main: «Mes conférences *à moi*, mais oui! *À moi*, présentées durant ma présidence à l'Amicale Marie-Rose»

À une époque où la femme canadienne-française était surtout et avant tout une mère au foyer, la dédicace inscrite par ma mère sur cette enveloppe m'a révélé, chez elle, un besoin de se valoriser comme femme autonome, de rivaliser avec les talents d'orateur et de conférencier, que la société bourgeoise reconnaissait à son mari, homme public.

Photo: Albert Dumas.

Je me souviens, j'avais à peu près quatorze ans, que ma mère, avec d'autres Dames Patronnesses de l'Oeuvre de la Soupe, organisée par les Soeurs de la Providence, avait travaillé très fort à l'organisation de la campagne annuelle de promotion et de souscription de l'Oeuvre.

C'était à la mi-janvier 1934. Les grands noms de la Cie de Jésus, le Père Louis Lalande s.j., Louis Ceslas Forest s.j., Louis de Léry s.j., avaient parlé en faveur de l'Oeuvre de la Soupe à la radio. Chez les laïcs, les noms de Paul Gouin, fils de Sir Lomer Gouin, et Amédée Monet, juge des Sessions de la Paix étaient mis en vedette par des photos et des déclarations dans les journaux. Mais ceux de Berthe Alain Monet et Yvette Mercier Gouin, écrivain (Mme Léon Mercier-Gouin) étaient passés sous silence.

Les Dames Patronnesses préparaient et servaient la soupe avec les religieuses de la Providence. Elles confectionnaient aussi plus de mille beignes à l'occasion de ces campagnes de financement, mais toujours dans l'ombre des cuisines. Jacques Brel dans une chanson s'est moqué des Dames Patronnesses mais au Québec, ces bénévoles organisaient des services et rendaient vraiment service aux défavorisé(e)s. À cette époque les services sociaux étaient presque inexistants.

Toute jeune, je fus entourée de femmes: ma mère, mes grands-mères, les grandes tantes, les bonnes et les religieuses. Maman dirigeait, de loin et de près, tout ce monde sympathique qui m'affectionnait. Elle m'embrassait souvent et très fort, étant très émotive et possessive: «ma petite fille à moi», «ma grande fille», «ma seule fille». Toutefois, elle devenait vite autoritaire et froide dès que je la contredisais ou lui préférais d'autres personnes.

Ma relation avec mon père a toujours été plus simple et plus cordiale. Maman remarquait mon attitude, en souffrait et parfois même s'en plaignait en me blâmant: «C'est bien visible, tu es «la fille à ton père», et moi, pourquoi ne m'aimes-tu pas?» Que répondre alors?

Certes, j'ai toujours aimé, respecté ma mère et admiré sa force de caractère, ses vertus morales, son sens des responsabilités familiales et sociales: l'ordre, la patience et la tolérance. J'ai acquis d'elle le sens de ces valeurs fondamentales et je lui en ai toujours exprimé ma reconnaissance. Toutefois, je n'ai pu, ni voulu, à aucun moment de ma vie, reproduire, dans mes comportements, ce modèle de femme. J'étais et je suis une toute autre femme.

Souvenirs de jeunesse étudiante

« Prendre avec soi ses souvenirs »

Saint-Denys-Garneau
Journal

La Semaine sainte

Les quatre semaines du Carême, avec son cortège de jeûnes, d'interdits et de sacrifices imposés, allaient bientôt se terminer par de joyeuses Pâques!

La Semaine Sainte était le rappel des événements douloureux qui marquèrent les derniers jours de Jésus. Toutes les prières et les chants étaient récités en latin, mais les fidèles lisaient dans leur missel, la traduction française. Le Dimanche des Rameaux inaugurait les solennités pascales par une procession à l'intérieur de l'église qui rappelait l'entrée triomphale de Jésus à Jérusalem. À la porte de l'église, tous les fidèles achetaient des rameaux. Puis, le moment de l'Évangile venu, c'était la très longue lecture de la Passion selon Saint Matthieu. Toute l'assistance restait debout. Lors du récit de la mort du Christ, aux paroles «Jésus poussant de nouveau un grand cri, rendit l'esprit», tous se mettaient à genoux en grand silence. C'était un moment émouvant, pathétique.

Durant toute cette semaine, les prêtres portaient des ornements violets, sauf le Jeudi Saint. Ce jour-là, pendant le chant du Gloria, on laissait sonner les cloches qu'on n'entendrait plus jusqu'à la messe de la Vigile pascale. «Les cloches partent pour Rome» disait-on.

La pensée liturgique s'attachait au mystère eucharistique et rappelait la dernière Cène. Aussitôt la messe célébrée, le prêtre encensait le Ciboire qui contenait la Sainte Réserve d'hosties. Il se rendait, avec les enfants de choeur, à l'autel latéral afin de transférer le Saint Sacrement au reposoir. Au cours de cette petite procession, l'on chantait «Pange lingua.» De retour au choeur, le célébrant dépouillait les autels de leurs nappes et ornements brodés.

Une autre cérémonie commémorative consistait à laver les pieds des enfants de choeur et de quelques adultes. C'était en souvenir de la dernière Cène où Jésus lava les pieds de ses apôtres. L'officiant déposait sa chape, se ceignait d'un linge, s'agenouillait devant chacun, lavait, essuyait et baisait le pied présenté. L'assistance était émue.

Une année, mes parents nous amenèrent visiter les reposoirs de sept églises. C'était une coutume fort répandue chez tous les catholiques. Les reposoirs du Jeudi Saint apparaissaient comme un grand spectacle de fleurs: couronnes, gerbes, arrangements de plantes et de bouquets. Le curé et les marguilliers, en compétition avec les autres paroisses, voulaient présenter le plus beau reposoir. Les religieuses et les sacristines aidaient à la décoration. Métier de femmes que d'embellir! Les membres des congrégations pieuses allaient tour à tour prier durant une heure devant le Saint Sacrement exposé: la Congrégation des Enfants de Marie, les Dames de Ste-Anne, les Ligueurs du Sacré-Coeur et les membres de l'Adoration nocturne. Mais le plus beau reposoir était celui des Pères du Très Saint-Sacrement, rue Mont-Royal.

Je n'ai jamais su si tous les catholiques priaient vraiment lors de ce cérémonial ou si la visite des reposoirs était une simple tradition socio-culturelle. Je n'ai jamais su non plus si mon père croyait aux indulgences plénières attachées à cette pratique religieuse. À ce sujet, je n'ai jamais osé lui poser de question de crainte de l'embarrasser. La religion était selon moi, une croyance très personnelle.

Au pensionnat, le déjeuner du Vendredi Saint, se composait de fèves à la mélasse et de brioches décorées de sucre glacé en forme de croix, des «Hot Cross Buns». Un vrai régal! Je n'avais pas l'impression de jeûner. Toutefois les deux autres repas étaient pénibles à avaler: patates et poisson bouillis sans assaisonnement.

En classe, nous faisions la lecture des neuf «Leçons». Le Vendredi Saint il n'y avait ni messe ni communion. À trois heures, l'assemblée des fidèles était réunie à l'église pour l'adoration de la croix. À l'époque où j'étais couventine, je m'attendais toujours à ce que le temps apporte pluie, orage ou tonnerre. Il me semblait qu'un après-midi ensoleillé gâtait l'authenticité de cette triste cérémonie.

L'émotivité, la religiosité et le mystère étaient inhérents à ces cérémonies. Elles étaient avant tout d'ordre spirituel mais devenaient, pour moi, l'occasion d'une profonde méditation où le rêve, l'imagination et le mystérieux se mêlaient à la crainte d'être responsable, par mes péchés, de la mort du Christ. Pourtant, malgré tout le décorum et le cérémonial lugubre et macabre, je n'arrivais pas à me sentir vraiment coupable d'un pareil crime. J'étais émue et triste face à ce mystère.

L'office du Samedi saint au matin était toujours trop long. Pourtant tout ce symbolisme me faisait rêver. Le célébrant bénissait l'encens avant d'en déposer un peu sur le Cierge pascal. À midi, les cloches sonnaient pour annoncer la fin du Carême. Les pensionnaires prenaient congé du couvent et les religieuses prenaient congé des élèves. Ce jour-là, on mangeait des oeufs de chocolat Laura Secord et du jambon au sirop d'érable.

Pâques, dimanche de la Résurrection! Joyeuse fête de famille: banquet, cadeaux, chocolats et, par beau temps, promenade ou visites chez les amis d'alentour. Selon la coutume, il était de mise «d'étrenner» à Pâques un nouveau vêtement pour ne pas «attraper la gale», disait-on alors. J'étrennais souvent un chapeau de paille et des gants. Pâques annonçait aussi le printemps!

«Sweet Sixteen never been kissed»

Mon père a été mon premier amour, amour à la fois romantique et platonique. Nous nous aimions tendrement, sans gêne ni fausse pudeur et cela depuis ma tendre enfance.

Pour mon seizième anniversaire, mon père m'invita à une grande soirée de gala. J'étrennais une magnifique robe longue de taffetas blanc. Après avoir assisté au récital de la chanteuse Lucienne Boyer, au théâtre Stella, rue St-Denis, il m'amena danser, rue Sherbrooke, au Club canadien. Nous avons dansé, bien ri et bu quelques verres pour enfin réaliser qu'il était grand temps de rentrer à la maison. Il était passé minuit...

— Ta mère ne doit pas dormir.
— Ta femme doit s'inquiéter... Partons vite!

Avant d'entrer au garage, mon père arrêta l'auto.

— Je veux te parler. Tu sais, ma Simonne, notre affection est un sentiment normal et très beau. Bien précieux. Un père et sa fille peuvent être copains sans qu'on crie au scandale et à l'inceste. Es-tu mal à l'aise ou gênée avec moi?

— Mais pas du tout. Je t'aime bien.

Sur ces mots, il s'approcha de moi et m'embrassa tendrement puis il pressa ses lèvres sur les miennes avec passion.

— Bonne fête, ma Simonne! Tu es déjà une femme. Une femme extraordinaire! Entrons vite...

Je ressentis un vif émoi, un plaisir jusqu'alors inconnu. Seule dans ma chambre, je savourai avidement et longtemps, ce soir-là, cette sensation de bien-être physique et émotif. «Parlez-moi d'amour, redites-moi des choses tendres, votre beau discours, mon coeur n'est pas las de l'entendre...», avait chanté ce soir-là, Lucienne Boyer. Ce chant atteignait maintenant mon coeur, mes sens...

Le lendemain matin, je lui confiai mes émois de la nuit précédente. Homme à l'esprit large et de grand jugement, mon père me rassura tout à fait sur la nature de mes émotions. Il m'avoua avoir, lui aussi, ressenti une émotion profonde et inattendue, sans avoir voulu la provoquer.

— Tu sais Simonne, avant cet incident d'hier soir, je n'avais pas réalisé que tu étais déjà une femme. Crois-moi, je n'ai pas voulu te troubler. Il ne faudrait pas qu'à cause de cet événement tu craignes, dans l'avenir, les vibrations de ton corps. Elles sont belles et seront belles si tu les veux, si tu les fais belles. Je te souhaite de rencontrer l'homme qui te comblera. Tu seras une grande amoureuse... Une vraie femme. Et moi, je demeure ton père.

— Mon ami.

Amitiés «particulières» et amourettes

Juillet 1936

Nous sommes au mois de juillet, en pleines vacances.

Lorraine, mon inséparable amie, est en promenade pour trois semaines ici, en ce beau Beloeil. Heureusement que dans ma famille les amitiés dites «particulières», sont autorisées. Ma bonne amie est une gentille demoiselle de près de seize ans, petite mais gracieuse, assez jolie, au teint frais, lèvres roses, cheveux d'un blond foncé, frimousse ronde et regard souriant. Durant cinq ans de vie commune au pensionnat, aucune querelle sérieuse n'est survenue entre nous, que des taquineries et des gros yeux. S'aimer, c'est se connaître et se comprendre, c'est rire quand l'une rit et être triste quand l'autre pleure.

Son père étant malade, incurable et sa mère travaillant, mes parents l'invitent donc à venir à Beloeil se reposer et s'amuser avec moi. Elle a un très beau caractère: l'humeur égale, la bonté et le dévouement innés, le coeur gros

Lorraine Provost et Simonne Monet, Saint-Adèle, 1938.

d'affection et de tendresse, les manières distinguées, la voix douce et l'âme noble. En plus d'un grand talent pour le chant choral et les séances. À tous ces titres, elle est mon amie de coeur et ma chère soeur comme je l'appelle souvent. Elle est enfant unique et moi, seule de fille à la maison. J'espère que nous resterons toujours unies; à moins que plus tard nos fiancés nous séparent.

Denise Ouimet après une séance, chez Victor Barbeau à Beloeil.

J'ai aussi d'autres amies et amis que je revois tous les étés. D'abord Denise Ouimet, très intelligente et dégourdie. C'est ma plus ancienne et plus fidèle amie d'été. L'hiver, sa famille habite Ottawa, et l'été elle habite tout près de chez nous au bord du Richelieu tout près du traversier, dans une grande maison de briques. Il y a quelques étés avec Denise Ouimet et Michèle Barbeau, fille du très distingué M. Victor Barbeau, et d'autres fillettes, nous composions des charades, inventions des séances et organisations des mascarades.

Mon autre amie est Thérèse Dupire. Elle est aimable et forte en classe. Elle est chanceuse, elle a une grande soeur, Marie. Les deux sont gentilles. Papa est ami avec leur père, M. Louis Dupire journaliste à la chronique «Le Grincheux» du journal *Le Devoir*. Moi, je le trouve très renseigné, même amusant. Il a de l'humour, il a le tour de rire des autres, des événements et des hommes du gouvernement, qu'ils soient rouges ou bleus. J'ai toujours peur, quand je vais chez eux, qu'il rit de moi, trop maigre, trop grande. Pourtant, il est très accueillant.

À Beloeil, au nombre des amitiés «très particulières» je n'oublierai jamais Guy Monty, mon premier «cavalier». Nos parents se connaissent bien et jouent au bridge ensemble. Vers l'âge de dix ans, nous avions reçu en cadeau, pour nos succès scolaires et aussi je crois, pour aller au village faire les petites commissions de nos parents, chacun une petite bicyclette C.C.M. C'était difficile à conduire; il fallait pédaler sans arrêt. Je me souviens d'être tombée dans le fossé parce que, circulant sur le trottoir devant lui, je m'étais retournée pour lui sourire. Il m'avait relevée gentiment, m'avait souri et embrassée sur la joue. Fillette, ce fut mon plus beau tour de bicyclette...

Louis-Henri Jetté et Simonne à Beloeil, 1937.

Beloeil, 30 juillet 1936

Comme expérience pratique, mon ami Henri-Louis, étudiant à l'Université de Montréal en biochimie, travaille cet été dans un laboratoire. Je m'ennuie de son rire, de ses blagues. Il a terminé sa deuxième année de Philo à 17 ans. Il est tellement intelligent! Et musicien à part ça. Il m'a initiée à l'écoute du jazz. Il m'a offert «These foolish things remind me of you» et «I am in the mood for love».

Cet été, il m'a amenée entendre un grand orchestre de jazz au Forum. C'était nouveau, excitant, moi qui n'écoute que des orchestres symphoniques et de la musique de chambre. Il est aussi sportif, il a remporté des prix à des tournois de tennis régionaux. Ce qui fait que je suis bien attachée à lui, c'est qu'il a beaucoup d'esprit d'initiative d'originalité et le sens du comique. Un garçon pas snob, talentueux et très attachant. Je pense à lui comme à un amoureux... Notre amitié se manifeste différemment cette année. Lui aura bientôt 19 ans, moi j'ai 16 ans et demi. Je crois que cette année je suis très amoureuse de lui.

L'amitié peut-elle exister entre deux êtres jeunes et gais, de sexe différent sans devenir un peu de l'amour? Je ne sais à quel titre nous nous aimons, nous nous comprenons, Henri-Louis et moi. Je considère qu'une affinité de pensées, d'idées et de sentiments entre garçons et filles est bien permise. Même si je voulais m'efforcer de rompre toute intimité avec lui, je ne le pourrais pas. C'est mon compagnon, mon ami. C'est mon amoureux.

Ah, vous dirais-je maman
Ce qui cause mon tourment
Papa veut que je raisonne
Comme une grande personne
Moi je dis que les garçons
Nous font perdre la raison

Bureau des examinateurs catholiques de la province de Québec — 1936

Enfin, nous y sommes arrivées au 23 juin 1936!

Dans une grande salle, on nous entasse pêle-mêle garçons et filles, futurs professeurs! C'est la première fois qu'on se trouve garçons et filles dans une même salle d'étude! Dire que ce fameux diplôme va me permettre d'être institutrice. Si je l'ai, bien entendu! Mais tout ce que je ne sais pas...

À mes côtés, une «ancienne jeune fille» tient le programme des examens, avec les heures, l'horaire et les matières d'examens à passer ces jours-là. Elle l'affiche au tableau d'entrée.

À l'entrée, à gauche de moi, un homme dans la quarantaine me regarde. Gros, assez grand, à l'air efféminé, aux manières affectées, à l'oeil dur. Je n'ai pas encore parlé de sa tête ou plutôt de ses cheveux... artificiels, de sa perruque. Oui, mon bonhomme devait être chauve et l'absence de cheveux devait le vieillir... Je me retourne vers Rolande, mon amie, et lui dis d'un air amusé:

— Regarde donc mon voisin. Il vient se présenter pour passer ses examens! Il est toujours temps de s'instruire! Regarde aussi sa tête rousse; il sait le moyen de se rajeunir!

Et toutes deux nous éclatons de rire en lui jetant un oeil moqueur. Puis nous montons à l'étage supérieur pour nous placer dans les classes indiquées et comme il nous reste trois minutes de libres, nous jasons...

On entend les pas lointains du surveillant. Nous retournons chacune à notre pupitre le coeur palpitant de curiosité pour les questions, de hâte d'avoir achevé l'examen, et de peur de ne pouvoir bien le passer. Tout à coup mes compagnes et moi, nous nous regardons et nous mettons à rire. Quelle malheureuse surprise! Quelle mine je fais! Mon bonhomme à la perruque n'était autre que le surveillant qui, en me reconnaissant, m'avait jeté un oeil coléreux.

Mais, ce qui est pire, c'est que dans ma précipitation j'ai oublié d'apporter mon stylo. Que faire? J'hésite, puis voyant la poche de la veste de mon surveillant bien garnie de stylographes, de plumes et de crayons, je m'avance et lui demande de mon air le plus gentil:

— Monsieur, auriez-vous un stylo à me prêter s'il vous plaît?

— Je ne suis pas un agent de Waterman! Allez vous rasseoir. Allez.

Voilà sa vengeance bien exercée.

Heureusement qu'une compagne charitable eut la bonté de m'offrir une plume-réservoir; car je n'aurais pas pu passer mes examens. Bonheur ou malheur? Tout est contradictoire. Les jours se passent emportant copies sur copies...

Nous sommes au 26 juin, à la sortie d'examen. Hourra!

Chaque élève de notre groupe d'amies raconte les bêtises qu'elle a écrites, signale à sa voisine ses réponses aux problèmes de toisé et d'arithmétique, mais Lorraine et moi avons hâte de filer.

— Enfin, quel débarras, nos examens sont finis!

— Réussis ou pas, plus de concours. Quel soulagement!

Lorraine et moi, nous sautons dans un tramway en route pour le premier cinéma. Le Rialto de l'avenue du Parc nous apparaît dans une splendeur toute nouvelle et vite nous y entrons. *The moon is our home* nous présente Margaret

Sullivan et Henry Fonda dans une comédie fort amusante qui se déroule dans un joli camp du nord de la Suisse. Du ski au mois de juin, c'est un réel anachronisme; c'est du cinéma...

Le cadran du coin de la rue Bernard marquait huit heures du soir, à notre sortie du cinéma. Tel qu'entendu, papa et maman m'accueillent avec joie et vite en route vers le bonheur, la liberté, le soleil, le repos, vers... Beloeil, vers le Richelieu, vers Henri-Louis... Réception amicale à la maison, où quelques-uns de mes amis m'attendaient pour me féliciter et me souhaiter de bonnes vacances.

Laure Gaudreault. Photo: Archives de la C.E.Q.

Laure Gaudreault, une pionnière

Beloeil, 1er juillet 1936

Fête de la Confédération!

À la fin du déjeuner, papa, cartes géographiques en main, nous a fait une surprise. Il nous a présenté un projet de voyage, un itinéraire qu'il avait préparé tout en détail. La région à visiter, selon sa suggestion, était celle du Saguenay-Lac St-Jean. C'est vraiment une gâterie de la part de papa. Maman était certainement dans le coup. Femme ordonnée, elle a, en un tour de main, organisé les préparatifs. Les valises sorties, une liste qui m'a paru établie d'avance de vêtements et d'articles nous était soumise. Mes parents veulent nous donner l'impression d'organiser avec eux ce voyage. C'est une manoeuvre pédagogique réussie. Nous partirons demain. Hourra!

Notes de voyage, juillet 1936

Nous avons fait le tour du très beau lac St-Jean. Sommes passés à Roberval, arrêtés à la réserve indienne de Pointe-Bleue. C'était la première fois que je voyais des Montagnais. Ils vivent là en bande, en communauté. Nous avons acheté des articles de leur artisanat, rares et très jolis, dans un magasin exploité par la Cie de la Baie d'Hudson. Ensuite, à St-Félicien, papa a acheté un canot fabriqué à l'ancienne. Puis à Dolbeau, nous sommes arrêtés au monastère des Trappistes de Mistassini et avons acheté des chocolats et des liqueurs fines. C'est étrange que des moines fabriquent des friandises et des boissons de luxe.

En route pour Péribonka, St-Joseph d'Alma, St-Bruno, Jonquière, Kénogami, Arvida, enfin Chicoutimi. En voyage, papa achète et lit toujours les journaux locaux et régionaux. Dans le journal *Le Progrès du Saguenay* de Chicoutimi, il m'a signalé une chronique sur les questions scolaires, signée Laure Gaudreault. «Ce journal lui sert de tremplin pour informer la population de la région de Chicoutimi, des conditions de salaire et de vie misérable des «maîtresses de classe» des campagnes» m'a dit mon père.

J'avais entendu parler quelques jours auparavant, à Clermont, d'une maîtresse d'école exceptionnelle, Mlle Laure Gaudreault. Depuis l'âge de seize ans, elle avait reçu, tout comme d'autres enseignantes rurales, un salaire de $125 par an, d'abord comme institutrice aux Éboulements près de la Malbaie, puis dans diverses localités du beau comté de Charlevoix. C'est aussi à Clermont qu'habite l'écrivain Mgr Félix-Antoine Savard auteur de *Menaud maître-draveur* dont je viens de terminer la lecture. J'ai reçu ce très beau livre en juin comme prix de littérature canadienne. À Clermont, j'aurais aimé rencontrer personnellement cette «perle rare», mais elle était en voyage d'organisation dans la région.

Durant notre séjour à Chicoutimi, j'ai lu dans *Le Progrès du Saguenay*, deux articles de Laure Gaudreault. Dans l'un, elle lançait, en vue de la prochaine année scolaire, l'idée d'une association d'institutrices rurales. Elle notait que le comité catholique de l'Instruction publique du gouvernement avait décidé de hausser le salaire minimum des institutrices à $300 mais que, suite aux pressions des commissaires d'école souvent avaricieux, le gouvernement avait ramené le salaire minimum à $250. Elle signalait la situation pitoyable des enseignantes rurales Dans le second article, elle annonçait son intention de parcourir le diocèse de Chicoutimi pour faire signer des pétitions et fonder des associations d'institutrices.

À cette lecture, je suis tombée des nues. Je viens d'obtenir un brevet d'enseignement qui m'autorise à diriger une école primaire, mais j'ignore tout des conditions de vie des institutrices rurales. Pourtant ma grand-mère Monet en avait été une avant son mariage. L'exemple du courage de Laure Gaudreault m'inspire des réflexions très sérieuses. Il faut s'instruire oui, mais aussi et en même temps travailler à améliorer les conditions économiques de celles qui travaillent dans la profession enseignante. Les religieuses elles, peuvent enseigner sans salaire; leurs communautés les font vivre et elles font aussi vivre leurs communautés. Une institutrice célibataire elle, devrait pouvoir gagner sa vie convenablement, surtout dans une profession aussi importante que l'enseignement.

Le sens de l'organisation, le feu sacré et le courage de cette femme qui mène avec quelques compagnes une action difficile contre l'opinion des notables laïcs et religieux, m'ont fait une grande impression. Cette femme me stimule à faire en septembre de l'action dans mon milieu scolaire. Ce serait un bon moyen de me préparer pour plus tard à améliorer les conditions de vie des femmes en général.

Maladie et mort de Roger Monet

27 juillet 1936

Départ de mon frère Roger pour l'Hôpital du Sacré-Coeur de Cartierville (l'aile des tuberculeux contagieux). Il a grimpé difficilement les marches. Il a remarqué inscrits dans la pierre de l'édifice ces mots en grosses lettres: «Les Incurables». Quel choc pour un malade et sa famille de lire pareille inscription au-dessus de nos têtes. Stupidité! Bêtise! Ça me révolte. Manque de psychologie élémentaire, de sens des réalités de la part des constructeurs et des dirigeants hospitaliers.

Décision médicale terrible: Roger doit s'aliter et demeurer à l'hôpital. Diagnostic: tuberculose galopante. Le médecin spécialiste nous prédit un sursis de six mois. Incurable! Le spécialiste lui prescrit quand même un traitement, le pneumothorax. Une fois de plus j'ai ouvert mon dictionnaire...

Je suis foudroyée, révoltée. Maman est folle de douleur. Mon père est terrassé, abattu par la cruelle réalité si imprévue. Cet hiver, Roger mesurait 6 pieds 2 pouces, pesait 180 livres, jouait au hockey, au baseball et à la crosse au Collège Brébeuf. Pensionnaire chez les Jésuites, il prenait peu de soin de sa santé. Entre le temps consacré aux sports à l'extérieur et les périodes d'étude, il aurait dû y avoir du temps pour prendre une douche et se détendre, au lieu de passer immédiatement du froid au surchauffé de l'intérieur. Les horaires sont trop rigides. Il a dû prendre ainsi son «coup de mort» selon l'expression courante. Il avait déjà craché le sang, mais les professeurs et lui-même n'osaient en avertir les parents.

2 novembre 1936

Depuis six mois, je sens, je pressens que le spectre de la maladie et de la mort rôde autour du chemin de la Côte Ste-Catherine, comme il a rôdé cet été autour de nous à Beloeil. J'en ressens si vivement la crainte que j'ai peur d'éclater, d'en être malade ou folle. J'ai beaucoup trop lu Émile Nelligan. Je n'ai pas son talent, mais je me sens tout à la fois, un peu comme lui, une personne neurasthénique, souffreteuse, méditative, inquiète et passionnée. Pourtant, j'aimais tant rire et taquiner tout le monde. Il faut que je fasse des efforts pour surmonter mes penchants à la rêvasserie, à la mélancolie, à la tristesse.

Mes études Lettres-Sciences, la prise en charge de responsabilités dans le trio local de la *Jeunesse étudiante canadienne féminine* du pensionnat sont, je crois, de bons moyens de sortir de moi-même, de mon refoulement. Je dois vivre au-delà de mon monde intérieur à la fois tourmenté et idéaliste.

4 novembre 1936

Roger en est à son sixième traitement, sans espoir de guérison. Il en est très conscient. De mon côté, comment ne pas lui communiquer mes craintes? L'expression de mon visage, par peur de contagion, les distances que je prends pour lui parler du corridor, au lieu de l'approcher, rendent nos relations très difficiles.

Comment puis-je fêter mon anniversaire? Ce soir, je suis allée au cinéma avec Henri-Louis. Nous étions heureux d'être ensemble, mais pas gais. La triste présence de mon frère était entre nous et a assombri ma soirée de fête. En fait, ce ne fut pas un jour de fête du tout.

Outremont, janvier 1937

Le 18 janvier à 8 h 48 m du soir, Roger s'est éteint paisiblement, «en brave!!!» a dit papa dans des sanglots. Mon frère est mort d'une tuberculose galopante. Avec mes parents, le médecin, le curé et Henri-Louis, j'ai assisté à son agonie, à sa mort. En juillet 1936, on en avait fait le diagnostic. Il a survécu et souffert six mois, après seize traitements doubles de pneumothorax.

Papa et maman souffrent atrocement. Leur fils aîné, le fruit de leurs jeunes amours, étiolé, diminué, pesant 82 livres, un squelette! En juin 1936, encore athlète, il pesait 185 livres et mesurait 6 pieds et 2 pouces.

Cette fois tu ne pourras pas lire ma pauvre missive.

Je t'ai vu, l'autre soir, couché dans un cercueil, avec ce grand front lisse, gardant, malgré tout, la belle illusion de tes dix-neuf ans. Tes mains, grands papillons fatigués, étreignaient un crucifix d'ivoire, comme si tu voulais encore faire un geste digne de toi : cacher à une maman affolée ton agonie de toutes les heures.

Ce que tu as dû souffrir avec cette mort lente de la tuberculose qui, non contente de ronger ton idéal, tes espoirs, a réussi à fondre près de 100 livres de muscles sains, de jeunesse ardente. Et moi, devant ton cadavre, je ne puis être triste, sachant que celle qui te donna la vie fut aussi celle qui te soutint durant huit mois. Ce fut elle encore qui, quelques minutes avant la fin torturante, te souleva et te chanta si bas que tu crus à un chant d'oiseau : "Mon fils, vois comme je suis brave, sois de même, et attend la mort assis."

C'est cette même femme qui souffrit la grande douleur de ta naissance ; elle surveilla ton enfance, ta jeunesse, et ses joies de chaque jour augmentaient avec tes succès universitaires, toi qui devais, demain, étudier le droit. Je la vis, ta mère, Roger, debout près de ta dépouille ; mes yeux s'embuèrent et je ne pus distinguer parmi mille couronnes de roses, de lis, d'oeillets, laquelle était la plus glorieuse. Et cette femme en noir, supportant encore de sa main fragile, le bras d'un père fou de douleur, me parut la plus belle des fleurs, la plus glorieuse des couronnes.

C'était sa chair, c'était son âme qui dormaient le lourd sommeil de l'au-delà ; les larmes qu'elle cherchait à cacher furent pour moi les plus précieux joyaux jamais découverts, et quand je me vis seul, sous les grands saules de l'avenue, à écouter la plainte du vent froid, je réalisai pourquoi ces femmes de la race avaient pu sauvegarder toutes nos traditions.

Hommage à Roger Monet

Quand je te parlai du cerisier sauvage, ici même, il n'y a pas deux mois, tu voulus me remercier, et tu te croyais déjà mieux pour pouvoir, au prochain été, conduire l'auto de ton papa. Hélas ! il sera seul au volant, mais ton souvenir, Roger, le suivra partout. Je sais, moi, que tu continueras à le pousser vers son idéal subtil et si français, je sais que tu rendras encore plus clément, puisque chaque jour il a à guérir tant de misères humaines. Je te reverrai assis, dans un angle discret de la salle d'audience, au Palais, admirant celui que tu désirais remplacer un jour. Mais mon vieux Roger, parlons-nous entre "quatre yeux". C'est toi qui as choisi la meilleure place. Tôt ou tard, il faut sauter, et puis tu as vu de la vie le plus beau côté, celui de la jeunesse et des espoirs. C'est probablement mieux ainsi, crois-m'en.

Et puis là où tu es, les cerisiers sont en porphyre ; les autos sont en or, et tu peux rouler avec les angelots dans une féérie continuelle de panoramas merveilleux. L'an qui vient, quand les fleurs du Mont-Royal reviendront jeter leurs mille bouches mutines sur le gazon du cimetière, j'irai te saluer Roger, et je te dirai ceci : "Il est doux de mourir à 19 ans, quand une mère comme la tienne est là et te montre comment mourir."

Cet héroïsme caché d'une maman est encore ce qu'il y a de plus beau, et je le donne en exemple à ceux et celles qui ont peur de vivre.

GABADADI

Pensionnat Marie-Rose, 15 février 1937

Pour la première fois dans la famille, on n'a pas fêté la St-Valentin, jour anniversaire de naissance de ma mère. Nous sommes en deuil. En deuil! En deuil!

La semaine, je dois porter un uniforme noir et en fin de semaine, à la maison, des robes, jupes, chandails, bas et souliers noirs. Je suis pâle, maigre et laide dans ces vêtements de deuil. C'est une coutume ridicule, mais tenace. Je dois m'y soumettre. Tout comme d'être privée de cinéma, de soirées de danse, de sorties.

Mon frère est mort, d'accord, mais moi je vis, du moins j'essaie de survivre. L'atmosphère de la maison est triste, déprimante et insupportable... Après avoir supplié mes parents d'être externe, voilà qu'à cause de la maladie de mon frère, je les ai suppliés de me réinscrire pensionnaire afin de pouvoir étudier dans le calme et le silence; loin des pleurs de maman.

Après trois semaines passées dans ma famille, retour à la vie de pensionnat, retour à ma cellule du quatrième étage qui, heureusement, est à proximité d'une fenêtre; Soeur Louis-Philippe, la surveillante du dortoir des grandes m'a facilité les choses. Elle connaît mes fréquentes insomnies. Au moins, je peux me lever, quand élèves et religieuses dorment, et aller rêvasser assise dans l'encoignure de la fenêtre, écrire mon journal ou tout simplement regarder miroiter les lampadaires de la rue Rachel qui éclairent l'Église St-Jean-Baptiste.

J'ai peu de sommeil, je fais de mauvais rêves. Je suis tour à tour exaltée, puis torturée et angoissée. Mes 15 et 16 ans ont été heureux, insouciants. Mes 17 ans sont difficiles à vivre. Je me sens comme un roseau au vent. Selon La Fontaine, le roseau plie, mais ne rompt pas. Heureusement! Je veux y croire. Et espérer des jours meilleurs.

Peine d'amour

Février 1937

Je souffre, je ne comprends pas le sens de la mort de mon grand frère Roger, le sens de cette cruelle séparation. La mort est venue diviser, angoisser et culpabiliser une famille jusque-là heureuse. Pourquoi? Pourquoi? Ma mère folle de douleur, est devenue névrosée, mon père prendra un verre de plus...

Mon ami Henri-Louis est lui aussi terrassé par la tuberculose. Hier après-midi, jour de congé, nous sommes allés «tous deux» nous faire radiographier les poumons. Résultat: lui, est déjà gravement atteint. Il doit abandonner immédiatement sa troisième année d'études à l'université et se faire soigner dans un sanatorium. Quel gâchis que cette maladie! Je ne pourrai revoir ni embrasser Henri-Louis; le médecin le dit contagieux...

Moi, heureusement, je ne le suis pas. Du moins, pas encore... Les radiographies ont révélé que j'avais des taches aux poumons. Le médecin spécialiste exige que j'abandonne mes études, qui se terminaient normalement en juin. Mes rêves sont anéantis! Je veux et je dois, malgré ma santé précaire, terminer mon année scolaire.

21 mars 1937 — sans printemps —

J'ai été éduquée par les religieuses et par ma mère à devenir une fille raisonnable, une fille de devoir. Mais comment être raisonnable en amour? Au fond de moi-même, je désirerais que, par magie, par miracle, nous soyons Henri-Louis et moi transportés au Mexique, pour

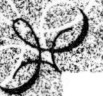

guérir «à deux» ou y mourir. C'est un désir fou, un projet irréalisable. Un rêve d'amoureuse. Nous sommes si bien quand nous sommes ensemble. Est-ce ça l'amour???? Désirer être avec l'autre, sans raisonner, sans calculer. Je ressens une peine vive, profonde. Mais je la surmonterai car je suis encore en amour.

En cachette de mes parents, mais bien accueillie par les siens, je suis allée spontanément voir Henri-Louis, encore alité chez lui. Nous avons beaucoup causé, essayé de badiner pour mieux nous résigner à devoir nous oublier réciproquement jusqu'à la guérison totale. C'est à ce moment que nous avons réalisé combien nous étions attachés l'un à l'autre. Nous nous sommes avoué que nous nous aimions vraiment. Mais quel espoir avons-nous de nous revoir? Pour combien de temps? Nous l'ignorons. Dieu seul le sait. Je suis soudainement privée des joies d'une belle amitié amoureuse. Est-ce ça une peine d'amour?

* * *

Ces vingt dernières pages de mon journal sont écrites à la hâte. Je ne me soucie plus d'avoir une belle écriture de couventine. Ces pages sont le cri d'un coeur qui bat vite et tout croche, arythmique. «Tu souffres d'arythmie», m'a dit Dr Pépin. L'important c'est qu'il batte! Même à tout rompre. Je sais, je ressens que mon coeur palpite à un rythme saccadé, comme dans le jazz qu'aime tant Henri-Louis, mon ami éloigné de moi. Mes parents n'acceptent même pas qu'il me téléphone. La bonne a reçu l'ordre de lui raccrocher au nez, à l'oreille plutôt... Devient-on contagieux par téléphone?

La nouvelle science du Dr Sigmund Freud accapare bien des esprits modernes. On m'a suggéré des séances de psychanalyse. Je ne suis pas folle, je suis malheureuse. J'ai 17 ans et demi et je souffre d'une peine d'amour. Mes parents veulent mon bien. C'est sûr. Ils veulent tout essayer pour me sauver physiquement et mentalement, je l'apprécie bien. Mais ils ne peuvent vivre à ma place. Vivre! Vivre! Qu'est-ce que c'est, sinon d'Aimer?

«Rosa-Rosae»

Pensionnat Marie-Rose, 29 mars 1937

J'aime la philosophie. C'est ma matière préférée, ma matière forte. J'avais l'ambition de lire les livres de philosophie de mon grand frère Roger, dans le texte latin, comme c'est l'habitude au Collège Brébeuf.

Mon père, gentil, compréhensif et toujours attentif à mes désirs de culture personnelle a accepté la semaine dernière, ma demande de suivre, chez nous, des cours intensifs de latin. Ils auront lieu tous les samedis après l'écoute en famille, de l'Opéra du Métropolitain, à la radio. Un prêtre de ses amis viendra jusqu'en juin, me donner une heure de cours de latin à la maison, afin de rattraper les leçons perdues lors de mon absence forcée de quinze jours en janvier.

Le décès de mon frère et l'éloignement d'Henri-Louis, mon amoureux, imposé par mes parents, me forcent à me dépasser. Par le latin, je m'évade. Je me plonge dans un autre siècle, dans une autre civilisation, dans l'irréel pour oublier la réalité de mes peines de coeur.

J'ai décidé de réaliser mon désir d'apostolat dans ma participation à la formation d'une section locale de JECF, et de mettre mes capacités intellectuelles au travail par l'étude intensive du latin.

Qu'est-ce que je veux me prouver par là? Peut-être que les filles peuvent étudier et réussir des matières difficiles et y trouver un certain plaisir.

Pourtant je sais que le latin est une langue morte et que la traduction des guerres de César, *De Bello Gallico* est ardue et ennuyeuse.

L'étude du latin est imposée aux étudiants des cours classiques, surtout en vue du sacerdoce et de la lecture du bréviaire. Pourquoi l'interdire aux religieuses? Elles ne sont pas admises à la prêtrise dans cette Église d'hommes célibataires...

À quoi sert à une fille d'étudier la philosophie en latin, sinon à réussir un exercice de gymnastique intellectuelle. Je m'y prête volontiers.

Le latin sert à la culture, à la maîtrise du français, à apprécier mieux le dictionnaire, à mieux l'utiliser. Les racines grecques et latines, c'est donc ça la culture??? Ce n'est pas pour moi de la culture vivante, mais il faut la posséder cette culture académique pour entrer au collège, faire son BA, prouver à la famille et à la société qu'une fille est aussi intelligente qu'un garçon. Elle doit avoir les mêmes possibilités de s'instruire et de se faire valoir. L'égalité quoi! Heureusement, mon milieu familial me surprotège, privilégie et favorise mes goûts pour l'étude et la culture. Je me sens bien reconnaissante envers les miens.

Ma graduation

Beloeil, 22 juin 1937

    Maman a préparé avec la seule aide de Thérèse, la petite bonne, un banquet froid, magnifique, extraordinaire pour 95 invités. Belle surprise! Grande fête! Parents et amis! Cadeaux!

    J'ai reçu quinze gerbes de fleurs, deux chapelets en cristal de roche, des appuie-livres en marbre vert, un Kodak, un livre d'autographes, des cadres, des bijoux, deux écritoires, des serviettes et valises de cuir, une encyclopédie, deux livres reliés sur la littérature française (Ch. M. des Granges) et «pour la circonstance» un disque de musique de Johann Strauss «Le bal de graduation». Une idée originale de papa. Dans la bonne société, les invités ne viennent jamais à une fête sans apporter de cadeaux... Henri-Louis m'a fait porter un album d'art sur le jazz. Grande joie! Mais lui et Roger étaient les deux absents... Grande peine!

Chaise longue et lectures d'été

Beloeil, juillet 1937

Cet été, allongée sur la galerie ou sur le terrain selon la température, «je fais de la chaise longue». J'éprouve une fringale de lecture. Je ne fais que lire — je fuis tout le monde — je vis dans un autre monde, même plus, dans une autre époque. Je suis en repos!!! Excellente raison de n'avoir pas à subir les moeurs de mon milieu «bourgeois». J'en suis libérée. Pas d'activités «mondaines». J'expérimente une fuite, fuite de la réalité je l'admets, mais combien salutaire pour moi.

Pour me distraire et pour le plaisir de mieux connaître, même romancée, une autre époque, je lis tour à tour, certaines oeuvres d'Alexandre Dumas père *Les Trois Mousquetaires*, par pur plaisir et besoin de connaître les aventures fantastiques du 17e siècle, les épopées de «cape et d'épée» à la d'Artagnan. Le monde des chevaliers, des reines, des cardinaux, hommes d'État et des gentilshommes ennoblis me fascine. C'est si loin de nos moeurs actuelles, quoique la politique est de tout temps affaire de prestige, d'ambition, de corruption. La semaine prochaine, je compte entamer le deuxième tome *Vingt ans après*, et le *Vicomte de Bragelonne*.

J'ai en même temps commencé la lecture du très célèbre roman *Le Comte de Monte-Cristo* du même auteur. Les situations, intrigues et personnages sont aussi passionnants les uns que les autres. En ce moment, je traverse mon époque romantique avec mes propres drames et mes propres romans intérieurs...

Papa m'apporte régulièrement de la Bibliothèque municipale de Montréal, les oeuvres d'Honoré de Balzac. Je lis ces romans, ces études de moeurs en appréciant le style, le talent de Balzac mais en même temps, je développe une profonde antipathie envers les milieux bourgeois d'où qu'ils soient et où qu'ils vivent. De France ou du Québec...

Les contes de Guy de Maupassant sont aussi agréables à lire, quoique très réalistes allant parfois jusqu'à la vulgarité brutale. Alors je passe à la lecture du sympathique *Poil de Carotte* de Jules Renard et du *Petit Chose* d'Alphonse Daudet. Devenu maître d'école, le héros raconte à ses élèves, durant l'étude, des histoires de ses inventions. Heureux élèves! C'est une sorte d'autobiographie comme *David Copperfield* de l'Anglais Charles Dickens.

Aujourd'hui 20 août, mon frère Roger aurait 20 ans... L'atmosphère de la maison est morbide. Ma mère pleure, mon père se tait. Ils souffrent profondément de l'absence définitive de leur fils aîné. Moi, je me réfugie davantage dans la lecture et le silence.

Papa m'a fait cadeau de sa propre Collection de livres reliés de la série des *Claudine*, oeuvre du célèbre écrivain Colette. Je prends beaucoup de notes sur cette femme auteur dans les encyclopédies et dictionnaires de notre bibliothèque familiale. En dehors de son style littéraire merveilleux, ce qui m'impressionne, lors de mes petites recherches, c'est d'abord que Colette dès 1920, un an après ma naissance, a été nommée Chevalier de la Légion d'Honneur. Impressionnant hommage rendu à une femme. Malheureusement, en 1931, c'est récent, Colette est devenue infirme. Elle s'est cassé la jambe. Les séquelles de cet accident ont sans doute provoqué la crise d'arthrite qui l'a clouée depuis sur son «radeau», son divan. Petite réflexion philosophique: Il y a avantage à rester allongée, surtout pour moi qui souffre déjà d'arthrite...

L'été tire à sa fin. J'ai fait cet été, par moi-même, grâce à la bienveillance de ma famille, bien des lectures et des études littéraires; j'ai pris bien des notes, bonne habitude d'étudiante. J'ai de bons guides aussi. Mes parents ont beaucoup lu, beaucoup vu de spectacles, de pièces de théâtre.

J'ai lu et apprécié *les Pages de Littérature française* du Chanoine Marie des Granges docteur ès Lettres, professeur de première au Lycée Charlemagne, comme livre de référence littéraire. Grâce à la table des matières, je peux choisir, selon mon humeur et mes désirs, des textes de poètes romantiques, parnassiens, symbolistes ou de romanciers contemporains. Aussi des textes d'auteurs de théâtre, de critiques, d'historiens et de philosophes. Enfin, des textes des grands noms de l'éloquence sacrée. C'est un des cadeaux de graduation offerts par mes parents en récompense de mon prix d'excellence en grammaire et littérature française qui m'a fait le plus plaisir.

J'ai des cahiers pleins d'annotations, de citations. Il me fallait trouver le côté positif de cette convalescence en chaise longue et je l'ai heureusement trouvé dans le loisir-plaisir par excellence: la lecture.

Soeur Marie Gérin-Lajoie

Marie Gérin-Lajoie (fille).

6 septembre 1937

Fête du Travail! C'est congé! On fête le travail par un congé... On ferait mieux de fêter les travailleurs et d'améliorer leurs conditions de travail.

Aujourd'hui, mauvaise nouvelle! Le Dr Robertson m'interdit de m'inscrire au Collège Jésus-Marie d'Outremont à cause de ma santé précaire, due, selon lui, à un surmenage intellectuel des deux dernières années. Aussi par crainte de maladie pulmonaire.

C'est vrai que je ne me sens pas très forte. Pourtant j'ai passé l'été en grand repos, en chaise longue; ça m'a permis de beaucoup lire. Je désirais tant suivre les cours réguliers du collège malgré que je n'aie pas de talent ni de goût pour l'étude des mathématiques et des sciences. De plus, il faut étudier le grec, c'est obligatoire. Moi, je voudrais pouvoir choisir les cours qui m'intéressent: français, latin, histoire, littérature, philosophie et autres. Mais au collège classique les étudiantes ne peuvent choisir. Il faut suivre tout le programme; et pour trois ans: Rhétorique et les deux ans de Philosophie. C'est insensé; on ne peut être qualifiée pour étudier tant de matières. Quelle décision prendre?

J'en ai causé avec papa une partie de la nuit. Nous n'avions pas sommeil ni l'un ni l'autre. Il m'a conseillé de me refaire une santé et une beauté, tout en poursuivant des études dans une maison d'enseignement où le programme et les horaires sont plus souples. Il m'a suggéré de m'inscrire à l'Institut Notre-Dame-du-Bon-Conseil.

Puis il m'a parlé avec enthousiasme du rôle social que jouent au Québec les familles Lacoste et Gérin-Lajoie depuis plusieurs générations.

Il a surtout insisté sur le rôle des femmes, des deux Marie Gérin-Lajoie, mère (Mme Henri) et fille, la conférencière d'avant-garde.
— Savais-tu que Marie Gérin-Lajoie a été, avant la grande guerre, vers 1911, la première bachelière canadienne française à recevoir au Québec, le titre de Bachelier ès-Arts?

— Non, je ne connais que les Soeurs Jésus-Marie.

— Dès demain, viens avec moi à Montréal. Nous allons prendre des informations auprès de Soeur Marie Gérin-Lajoie sur son programme de cours, sur son Institut familial et social.

— La fille de Mme Henri Gérin-Lajoie?

— Bien oui. Celle-ci, une Lacoste, a pu convaincre Mère Anne-Marie d'ouvrir une École Supérieure, grâce à un événement imprévu.

— Lequel?

— Une brève nouvelle parue dans le journal *Le Canada*, vers le mois d'avril 1908, je crois. Dans ce quotidien de Montréal, on titrait: «Annonce de la fondation d'un lycée français pour filles, dont le programme serait non confessionnel». Il semblait s'inspirer d'un certain laïcisme à la française, condamné par les évêques du Québec et le Vatican. Fait extraordinaire, c'est à cause de ce bref entrefilet que les autorités ecclésiastiques et celles de la Congrégation Notre-Dame furent immédiatement alertées. Elles décidèrent d'un commun accord, et très rapidement de laisser fonder par Mère Anne-Marie, l'École Supérieure tant désirée par de nombreux parents intéressés à la culture et à la formation classique pour leurs filles.

— Pourquoi pas un vrai collège classique?

— C'est venu plus tard.

Il est tard, presqu'au petit matin. En causant tout simplement j'ai appris de mon père, une tranche importante de l'histoire de l'accès des filles canadiennes françaises aux études classiques. J'ai hâte de connaître cette femme, Marie Gérin-Lajoie. Je vais aller demain la rencontrer avec papa.

8 septembre 1937

Mon inscription est faite à l'Institut des Soeurs de Notre-Dame-du-Bon-Conseil de Montréal, situé boulevard St-Joseph près de De la Roche. J'ai appris que cette

Marie Gérin-Lajoie (mère).

congrégation fut fondée en 1923 pour exercer des oeuvres familiales et sociales. Lundi prochain le 12, je commence mes cours réguliers d'action sociale. J'ai bien hâte.

Soeur Marie Gérin-Lajoie m'est apparue comme une femme supérieurement intelligente, courtoise, très évoluée, attentive aux recrues soit comme religieuses dans sa communauté, ou comme simples élèves. Le programme de cours comprend une formation théorique et pratique, en vue de l'action sociale auprès des familles défavorisées, ignorantes et pauvres, afin d'améliorer la condition de vie de ces gens. Ces soeurs oeuvrent dans les quartiers du bas de la ville, comme travailleuses sociales. Soeur Marie m'a accueillie avec sympathie. Elle m'a présentée aux religieuses et aux élèves. Elle a tout de suite compris mes difficultés de santé, ma curiosité intellectuelle et mon désir de rendre service.

Avec son esprit pratique, papa m'a suggéré de prendre également un cours de sténo-dactylo, qui se donne à l'Institut même.
— Ça te sera sûrement utile pour prendre des notes de cours, et plus tard, écrire des textes de conférences, de causeries. Qui sait?
Pour sa part, maman a insisté pour que j'y suive deux cours par semaine de cuisine pratique. Pour lui faire plaisir, j'ai accepté.

27 septembre 1937

J'ai suivi à ce jour trois cours de dactylo mais je suis malhabile. Mes phalanges et phalangettes sont douloureuses quand mes doigts appuient sur les boutons. À cause du rhumatisme articulaire. J'ai eu le même problème en musique, avec la pratique des gammes au piano. J'ai dû y renoncer. Alors la dactylo et la sténo, ce sera pour d'autres... ou pour plus tard. Pour l'instant, j'ai d'autres projets d'études.

Aujourd'hui, le cours de cuisine nous enseignait la façon de réussir des pastilles de menthe rondes, blanches ou colorées vertes. Je n'ai guère de doigté ni d'habileté manuelle, ni d'intérêt pour ce genre de cours. Si jamais j'ai des invités à recevoir j'achèterai chez un bon confiseur des pâtes feuilletées et des bonbons bien réussis. C'est leur métier. Pas le mien. Moi à l'Institut, je veux étudier la sociologie.

Mes premiers cours d'histoire et d'action sociale m'enthousiasment. «J'apprends à apprendre» par moi-même. Plus de «par coeur», de mémorisation mais le développement d'un esprit de recherche. Ici, ma curiosité de savoir n'est pas comprimée, ni refoulée mais encouragée. Les enseignantes et les élèves, religieuses et laïques sont gaies, actives et de bonne humeur. Hourra! Une fois de plus papa m'a bien dirigée.

Octobre 1937

«L'élite, c'est celle qui rend service» dit Soeur Marie. C'est nouveau d'entendre dire cela d'une personne, elle-même issue d'un milieu bourgeois, universitaire. Elle a un sens social et humanitaire très poussé qui m'influence d'une façon très vive et pénétrante. J'estime beaucoup cette personne. C'est d'abord une personne, avant d'être une Soeur et une Supérieure.

Dans un cours d'introduction, elle nous a parlé des Droits de la Femme, des luttes de sa mère Mme Henri Gérin-Lajoie contre le gouvernement, le Vatican et l'évêché de Montréal. Avec sa compagne, lady Walter Lyman et d'autres dames de divers milieux, elles ont fondé le «Comité provincial pour le suffrage féminin» en 1922. Le 9 février de la même année, une délégation de femmes canadiennes françaises et canadiennes anglaises s'était rendue à l'Assemblée législative pour demander de passer une loi accordant le droit de vote aux femmes du Québec et aussi le droit d'être candidate. Ce fut refusé.

En 1928, le «Comité de suffrage provincial» s'est réorganisé. Mme Thérèse Casgrain en a assumé la présidence. En

1929, ce comité fut incorporé sous le nom de «Ligue pour les Droits de la Femme». En novembre 1929, une «Commission des Droits civils de la Femme» fut mise sur pied pour étudier les chapitres du Code civil qui ont rapport aux régimes matrimoniaux. Résultats décevants.

Depuis ce cours, j'ai l'idée de faire des recherches personnelles dans les bibliothèques sur ce sujet.

Dernier vendredi d'octobre 1937

Choc! Coup de massue!

À ma sortie du cours de sociologie appliquée, le bon docteur Robertson, pneumologue de l'hôpital Royal Victoria — celui qui a soigné Roger et l'a assisté dans son agonie — m'attendait. Beau garçon, jeune médecin gentilhomme, il s'est adressé à moi de façon très courtoise dans un excellent français:

— Bonjour mademoiselle Monet.

— Docteur, quelle surprise! Vous ici? Qu'est-ce qui me vaut l'honneur et le plaisir de cette rencontre?

— Une mauvaise nouvelle! Vous allez devoir cesser vos études.

— Mais pourquoi docteur?

— Les derniers résultats de vos radiographies pulmonaires sont inquiétants. Il vous faut partir de Montréal vous faire traiter dans un sanatorium, en grand repos, dans les Laurentides. Votre père que j'ai mis au courant m'a demandé de venir à votre rencontre pour vous en avertir. Lui, il était trop attristé de la nouvelle pour vous l'annoncer.

Faire le point

Beloeil, septembre 1937

J'ai décidé de faire le point. J'ai relu les pages antérieures de mon journal intime des deux dernières années. Quelle couventine idéaliste j'ai été! Mes pensées, mes textes sont à la fois personnels et modelés par l'entourage clérical, l'influence des religieuses du couvent et des sermons imposés, cycles liturgiques après cycles, d'un cours à l'autre, année après année pendant onze ans.

Depuis les tristes événements familiaux, j'ai beaucoup mûri, réfléchi. Mes comportements, ma mentalité et mon écriture ont changé. J'ai de plus en plus l'esprit critique face aux règlements, aux dogmes, aux attitudes, à l'omniprésence du monde de la religion. Moralement, ma vie est difficile à vivre, quoique matériellement je sois comblée.

Je me rends compte que j'ai toujours jugé sévèrement les religieuses. Pourtant elles étaient dévouées, pleines de bonne volonté et faisaient de leur mieux pour nous enseigner et bien nous éduquer. À cause de cela, je leur dois beaucoup et je les respecte. Elles transmettent à leurs élèves les principes moraux qu'elles reçoivent au noviciat et les connaissances académiques acquises à l'école normale de leur communauté.

Plusieurs désiraient s'instruire. D'autres n'ont pas voulu revivre l'esclavage de la mère de famille nombreuse, esclavage méritoire mais difficile à accepter. En général, issues de familles nombreuses et rurales, elles sont entrées très tôt «en religion» soit par crainte et mépris des hommes, ou par vocation pour assurer leur salut en même temps que leur survie économique. Les parents des religieux et religieuses disent de ceux-ci: «En communauté, leur avenir est assuré».

L'importation des communautés religieuses enseignantes françaises au début du XXe siècle et la fondation d'autres communautés par des jeunes filles du Québec, telle Mère Marie-Rose, ont été favorisées par Mgr Ignace Bourget. L'archevêque de Montréal à cette époque, m'a expliqué papa, était imprégné de l'enseignement de Rome contre le libéralisme, le modernisme et le féminisme.

L'enseignement religieux et moral a toujours été transmis aux religieuses par des prêtres-aumôniers. Les hommes d'Église sont leurs supérieurs, ils ont autorité sur elles et sur les femmes en général par leur influence sur le plan paroissial, surtout lors des confessions, des retraites de Carême et des retraites fermées. Les directeurs spirituels des religieuses sont tous membres de communautés masculines: les Jésuites (s.j.), les Dominicains (o.p.), les Oblats (o.m.i.), et autres choisies par l'évêque de chaque diocèse. Les évêques, prêtres et religieux vivent généralement très loin des préoccupations des familles, de la vie concrète des femmes, de l'actualité.

Les religieuses enseignantes, contrairement aux frères enseignants, ne peuvent fréquenter leur famille qu'à l'occasion des funérailles des membres de leur famille. Je n'ai jamais vu une religieuse du pensionnat être autorisée à suivre des cours, à faire du sport, ou à suivre des conférences à l'extérieur du couvent durant l'année scolaire. Elles vivent dans un monde clos, sans espoir d'étudier la théologie et de jamais devenir prêtre.

À leur insu, les Soeurs transposent la même morale austère et janséniste, le même enseignement religieux, basé sur les livres de théodicée et d'histoire de l'Église, en usage dans les Grands Séminaires. Elles nous éduquent comme si nous étions toutes des futures novices. «Avec la grâce de Dieu et la prière, peut-être serez-vous élues si Dieu vous donne la vocation.» Selon elles, la vocation est toujours religieuse, non pas artistique ni sociale.

Je remarque que les soeurs enseignantes se sentent intellectuellement inférieures aux frères enseignants qui eux, rédigent des manuels scolaires: géographie, arithmétique, grammaire, histoire du Canada et autres. En regardant les pages couvertures et la page intérieure de tous les manuels imposés, que j'ai étudiés, j'y vois la préséance et l'influence prépondérante de la religion catholique. D'abord par ses auteurs, tous des clercs. Ensuite par la mise en garde et la condamnation de toute idée moderne et l'imprimatur de l'évêque exigé lors de la publication de tout manuel scolaire, dans la province de Québec.

Contrairement aux prêtres, vicaires ou curés qui ont fait, eux, des études classiques aux Petit et Grand Séminaires, aucune d'elles n'a pu jusqu'à maintenant, faire des études classiques. Il n'y avait pas de collège classique pour les filles. Le Collège Marguerite-Bourgeoys date de 1926, date de ma première année scolaire. Maman m'a parlé de sa création comme d'un événement très important pour l'avenir des femmes. Il existe depuis 1933 seulement, à Outremont, un collège classique appelé Collège Jésus-Marie, fondé par les religieuses du même nom. Je comptais y poursuivre mes études après ma quatrième année Lettres Sciences. Ce rêve n'a pu se réaliser...

J'ai toujours remarqué et déploré la différence de formation intellectuelle entre mes professeurs et ceux de mon frère Roger, étudiant en Philosophie chez les Jésuites au Collège Brébeuf. Certaines religieuses sont «des bonnes Soeurs», plus que des personnes autonomes. Duplessis, lui, parle toujours de l'autonomie de la province. Mais l'autonomie des personnes? Selon moi, elle est impossible quand on fait le voeu d'obéissance, de pauvreté et de chasteté.

Je ne serai jamais religieuse, ni missionnaire dans un ordre, ni dans une communauté où l'on fait des voeux pour la vie. Je ferai de l'apostolat laïc. Je crois au Christ, à **l'Évangile.** Mais les dogmes m'agacent, les commandements imposés par l'Église sont trop rigides. Dans la religion catholique, on met trop d'importance sur les choses négatives, comme le péché, l'enfer.

Que peuvent nous enseigner les religieuses? À devenir de bonnes élèves, de pures jeunes filles et plus tard de bonnes épouses et mères catholiques «de devoir», jamais des vraies femmes, car elles-mêmes ne sont pas de vraies femmes laïques. Elles se sont mariées avec le Christ, ce qui n'est pas possible pour l'ensemble des élèves, des filles que je connais. Et pas très normal, en tout cas. Les religieuses nous enseignent trop à avoir peur: peur de perdre notre virginité avant le mariage, peur des hommes, peur de perdre notre âme, notre salut.

Le Christ, Lui, est venu enseigner le partage, la justice et l'égalité. Pourquoi les femmes sont-elles encore toujours considérées comme inférieures, même dans l'Église?

La "DAME aux CAMELIAS"

Solitude, pouvoir de réflexion

Tuberculose et cure de repos

La Sapinière, Val-David, 2 novembre 1937
(Fête des morts)

J'ai l'esprit tourmenté. Ici, beau paysage de sapinage. Paysage nordique, assez triste toutefois, à mon image...

Mon frère Roger aussi, était parti pour six mois de cure aux «Incurables». La tuberculose atteint bien des familles canadiennes-françaises. Papa m'a avoué qu'il avait eu une soeur aînée Eva, morte de tuberculose à vingt ans. Et maman, une seule soeur, Cornélia, morte à vingt et un ans, aussi de tuberculose. Nous sommes peut-être atteints par hérédité?

J'aimerais étudier cette question de la médecine pulmonaire, les découvertes de Calmette-Guérin qui ont mis au point le vaccin contre la tuberculose, qui porte leur nom.

Val-David, 15 novembre 1937

Aujourd'hui, beau temps d'automne. Papa est venu me visiter. Il m'a apporté d'autres livres. Je venais de lire la pièce de théâtre *La Dame aux Camélias* d'Alexandre Dumas fils. L'héroïne, la belle Marguerite Gauthier, dite tour à tour courtisane ou prostituée, vivait au XIXe siècle. Elle est morte à vingt ans de phtisie. L'histoire de cette jeune femme qui a eu beaucoup d'amants mais un seul amoureux Armand Duval, m'impressionne beaucoup et me fait réfléchir.

1er janvier 1938, 3 h a.m.

Ma grand-mère Alain, née Marie Lalonde, vient de décéder en pleine nuit à l'âge de quatre-vingt-sept ans. Elle était à l'hospice Morin, rue St-Vallier près de Beaubien, dans la paroisse St-Édouard de Montréal, paroisse où j'ai été baptisée. Vers minuit j'ai vu partir mes parents pour aller l'assister dans son agonie. Encore condamnée au lit on m'a interdit de les accompagner.

Durant cette mauvaise nuit de froid intense, le feu a pris au deuxième et troisième étage dans la cheminée du salon. J'ai dû appeler les pompiers d'urgence. Le brave Horace Roger «qui est de la maison» et la chienne Nikette, nos deux fidèles gardiens ont reçu les sapeurs. Brisure d'objets précieux ornant la cheminée et perte de tous nos cadeaux de Nouvel An. Quels dégâts!

Maladies. Mortalité d'un être cher. Feu dévastateur Quel affreux début d'année! Que l'année 38 me redonne l'espoir.

Ma grand-mère maternelle: Marie Lalonde Alain.

Montréal, 27 Avril 1936

Voilà mes dernières volontés Je donne à ma fille, Mde. juge Amédée Monet, née Berthe Aurore Alain, tout ce qui lui pourrait lui être utile. Je donne à mon neveu, Almira Lalonde, le droit de disposer du reste comme bon lui semblera.

Rien ne doit être donné à aucun étranger, car je n'ai d'obligations à personne.

Je lègue à ma fille, Mde. juge Amédée Monet, mes assurances afin d'aider à payer les dépenses occasionnées par mon décès, et mon Union de prières pour payer un service à mon premier anniversaire de décès. Mad. Lazare Alain née Marie Lalonde
Hospice Morin, Ntl.

Testament de Marie Lalonde Alain.

Norman Bethune, médecin

Depuis des mois, je ruminais un projet, un plan de survie. Je ne pouvais plus supporter l'état de langueur et d'oisiveté dans lequel médecins et parents me tenaient, ni d'être surprotégée. J'avais réussi, à force de conviction, à sortir de l'abattement dans lequel m'avait plongée cette cure obligatoire et interminable.

En ce lundi 21 mars 1938, premier jour du printemps, j'éprouvai tout à coup un grand désir: celui de faire un coup d'éclat, de rompre avec toutes les prescriptions médicales qui m'imposaient cette cure. Je décidai de sortir du lit et de partir de la maison.

Le sort m'était favorable. J'étais seule à la maison et notre automobile était disponible ce jour-là. Je choisis un bien agréable trajet longeant le Mont Royal, jusqu'à l'hôpital Royal Victoria. Tout en conduisant, je préparais ma rencontre avec le Dr Robertson. Je projetais une mise en scène: prendre l'offensive de l'entretien.

Au département de pneumologie, la garde-malade fut à la fois surprise, inquiète et mécontente de me voir, seule, debout sur mes deux jambes.

— Mlle Monet, vous ici! Dr Robertson devait bientôt aller vous visiter à la maison. Quelle imprudence! Entrez immédiatement dans le bureau du médecin.

— Docteur Robertson!

— Mlle Monet! Vous êtes sortie de votre chambre sans mon autorisation.

— Docteur, je suis venue pour vous entretenir d'un sujet très précis. Vous n'êtes pas sans avoir entendu parler du docteur Norman Bethune qui a pratiqué ici-même au Royal Victoria, au département de chirurgie thoracique? Vous savez que lui aussi était atteint de tuberculose. Durant sa cure, il a décidé de s'adonner à la peinture. Il avait exposé dans sa chambre, au sanatorium Trudeau aux États-Unis, neuf tableaux où il exprimait ses émotions, sa tristesse et son désespoir. C'était une manière de s'en délivrer.

— Évidemment, mais où voulez-vous en venir?

— Quand papa et moi avons accompagné Roger à l'Hôpital du Sacré-Coeur, il fut question, entre le Dr Vidal et papa, de la pratique médicale de Norman Bethune. Mais en 1936, Dr Bethune était déjà parti de cet hôpital. S'il avait été là peut-être que Roger aurait pu bénéficier de ses soins spéciaux et guérir. Mon père le croyait. Et il y a à peine dix ans, ici même, Dr Bethune était autorisé à appliquer aux tuberculeux de nouvelles méthodes curatives.

— C'est exact, mais ça ne change rien aux soins que vous devez recevoir. Je connais votre cas mieux que vous.

Il y eut un instant de silence. J'éclatai en sanglots. Je pleurai, pleurai... Ma sortie du lit, la conduite de l'automobile et mon plaidoyer revendicateur m'avaient épuisée. Plus calme, je repris la parole:

— Je tiens à vous dire, docteur, que j'ai confiance en votre savoir. Vous êtes qualifié. Mais comprenez-moi, je veux reprendre mes activités. Je vous ai donné la preuve de mes capacités en sortant du lit et en conduisant moi-même l'automobile. Je ne veux pas mourir d'inaction. Il est vrai que je lis beaucoup, j'écoute de la musique, j'étudie, je fais des mots croisés, j'écris même un journal intime; mais ce sont là des activités uniquement intellectuelles.

— Je comprends votre situation.

— Je n'accepterai plus de rester alitée, d'être gavée comme une oie. Tout exercice m'est interdit. Je vous avertis de ma décision; votre assistante peut en avertir mes parents. Pour ma part, je me sens et me veux guérie.

— C'est vous qui le dites. Pour l'instant, allez en radiologie et revenez à mon bureau. J'espère que vous serez alors plus raisonnable.

Les examens radiographiques indiquent une amélioration sensible de l'état de mes poumons. Tout devenait positif. Je repartis en automobile. J'ai baissé la vitre. L'air était bon, «Là-haut sur la montagne...» En rentrant à la maison, je me suis rendue au salon et j'ai mis un disque: «Les quatre saisons» de Vivaldi. J'écoutais la musique... Radieuse! J'étais au printemps...

À leur arrivée, ma mère et ma grand-mère eurent un choc de me voir assise au salon. Je racontai mon emploi du temps. Hauts cris!

— Ne vous inquiétez pas inutilement. Tout va bien. Ne prononcez plus jamais devant moi les mots «maladie, tuberculose, mortalité». J'entends vivre pleinement ma vie, renouer des amitiés, m'engager dans des activités sociales et, en septembre, m'inscrire aux cours du soir, à l'Université de Montréal, en littérature canadienne ainsi qu'en histoire du Canada et en sciences politiques.

— Ce n'est pas possible, tu n'as pas ton baccalauréat.

— Je m'inscrirai à des cours libres. Pour l'instant, je ne cherche pas à acquérir un baccalauréat, mais à parfaire ma formation intellectuelle. Je veux surtout sortir de cette terrible solitude. Je veux rire et vivre avec d'autres jeunes. J'irai bientôt offrir mes services à la Centrale de la JECF.

Le 31 mai 1938, après examens, le docteur Robertson a fait l'heureux diagnostic: guérison complète. Enfin!

Simonne Monet, 1937.

Militantisme laïc

JECF

Déjà, en 1937, j'étais membre de la JECF. Ma participation dans la formation du trio local de la section naissante de la JECF du pensionnat me fut proposée par deux personnes que j'ai spontanément aimées et respectées: le Père Émile Legault c.s.c. et Alexandrine Leduc (Alec Leduc), fille dynamique, pleine d'initiative, à la fois rieuse et frondeuse. La transparence de ses yeux bleus me fascinait. Sa mère, irlandaise immigrée au Canada à l'âge de seize ans, avait le sens de la blague et de l'hospitalité. Elles me fascinaient toutes deux par leurs vives réparties et leur optimisme. Les aumôniers et les dirigeants de la JEC, mandatés par les évêques, se rendaient «en éclaireurs» dans chaque maison d'enseignement pour recruter «les chefs naturels du milieu».

La supérieure du couvent m'avait convoquée au parloir pour une rencontre officielle avec ces deux personnes.

— Mlle Simonne a beaucoup d'influence sur ses compagnes. Elle est très studieuse, elle aime discuter. Elle est persuasive, mais pas très pieuse. À cause de cela, je ne sais pas si Mlle Monet devrait être choisie comme propagandiste d'Action Catholique.

— Choisie ou pas, je ne tiens pas à faire de la propagande pour l'Église catholique. Je ne suis pas une missionnaire. Je veux bien faire de l'apostolat, mais comme laïque, avec d'autres jeunes filles et garçons étudiants de mon âge et de mon milieu.

Alec m'a souri et vite rassurée:

— Tu sais moi, les Encycliques... Il faut bien les lire, les étudier au moins une fois... L'important, c'est l'action dans le milieu.

Le Père Legault, prêtre extraordinaire, chaleureux et audacieux était directeur du *Journal JEC* depuis sa fondation (Janv.-Fév. 1935). C'était un journal d'envergure nationale. Il m'en offrit une copie pour me renseigner sur le mouvement. En 1936-37, Roger Varin et Thomas Bertrand le dirigeaient. Plus tard, une collégienne du nom de Suzanne Manny se joignit à l'équipe de rédaction.

Alec Leduc, Suzanne Manny et le Père Lalande, aumônier national de la JECF.

De grand format le *Journal JEC* était illustré. Il contenait des chroniques intéressantes: un éditorial, des mots croisés pour enrichir le vocabulaire, des récits d'activités locales et diocésaines et des chants, musique et paroles. La JEC innovait en liturgie, composant ou faisant composer des prières et des chants spécifiques. J'ai souvenir de l'un d'eux signé par Joseph Folliet:

> **Chantons amis la vie est belle
> Pour nos coeurs joyeux et fervents
> Jécistes, le Christ nous appelle
> Vers l'avenir en avant
> Nous sommes la jeunesse ardente
> Phalange sans regret ni peur
> Et dans nos poitrines vibrantes
> Bat le coeur du Christ rédempteur
> Portons à travers les écoles
> Son nom, sa loi, sa charité
> Que tous entendent ses paroles
> Qu'ils naissent à la vérité
> Nous édifierons le monde
> Où domineront sans partage
> La Justice et la Charité**

Ou encore: «JEC, école du sourire...»

Dans ce journal, le Père Legault avait écrit un article non pas sur la vie spirituelle, mais sur l'importance de fonder une troupe de théâtre[1] à répertoire religieux dans le style des jeux scéniques du Moyen Âge et d'autres jeux modernes tels: «Le Noël sur la place» et «Le mystère de la messe» d'Henri Ghéon.[2]

De son côté, Alec me remit les bulletins *Conquérantes* destinés à la formation des dirigeantes et une plaquette expliquant la méthode d'action propre à l'Action Catholique: Voir — Juger — Agir — dans son milieu. Ingénieuse méthode pédagogique propagée par la JOC européenne, fondée en Belgique par le Chanoine Cardijn. Cette action directe dans et avec le milieu m'a incitée à accepter la responsabilité proposée et ce, malgré un programme d'études très chargé. C'était un bon moyen de surmonter mes problèmes intimes, familiaux et sentimentaux.

Semaine d'étude de la JECF, été 1941.

[1] La troupe «Les Compagnons de St-Laurent» fut fondée vers septembre 1937 par: Roger Varin, Émilie Legault, c.s.c., François Zalloni, Marguerite Groulx-Jalbert, Suzanne Vaudrin, Jeannine Morisette et Normand Hartenstein en furent les premiers artisans.

[2] Présenté le 3 juillet 1940 au Stadium Mc Gill par les Compagnons.

Je désirais rendre service à mes compagnes en organisant des réunions de discussion et de décision. Il s'agissait de convaincre plusieurs compagnes externes et pensionnaires de former un noyau local de JECF. Une religieuse était choisie par la Supérieure pour servir de liaison entre la direction du pensionnat et les nouvelles recrues. Ce poste d'assistance prenait la forme d'une surveillance doctrinale. Heureusement, cette religieuse enseignante, Soeur Louis-Eugène, était très intelligente et sympathique. Nous sommes vite devenues des amies.

De son côté, l'évêque nommait un aumônier superviseur du fonctionnement de chaque section, de chaque diocèse. Pour nous les jeunes étudiant(e)s, la JEC était un moyen inattendu et merveilleux de sortir du domaine des exigences académiques, de la discipline et des contraintes habituelles de la vie des maisons d'enseignement. Enfin, un moyen d'exister par nous-mêmes. «Fiers, purs, joyeux et conquérants».

La JEC, comme les autres groupements de jeunesse d'Action Catholique, était avant tout un mouvement, non pas une institution. Bien qu'il fut dirigé officiellement par l'évêque de chaque diocèse, ça bougeait. D'inspiration apostolique, son but était de former dans chaque institution d'enseignement, une équipe de militant(e)s pour mettre sur pied des activités de toutes sortes. Le programme contenait à la fois des aspects de réflexion et d'action, un droit de parole et d'organisation. À l'époque, c'était très révolutionnaire. Les supérieur(e)s des maisons d'enseignement devaient accepter les directives du Pape Pie XI contenues dans son Encyclique sur l'Action Catholique concernant les responsabilités des laïcs. Voilà pourquoi ils durent admettre l'organisation de la JEC dans leurs murs. Grande nouveauté!

La JEC m'accordait, ainsi qu'aux autres membres, un statut d'étudiante et reconnaissait les études comme un métier, une profession. Elle accordait aussi aux élèves des couvents, des collèges et des écoles normales, un statut d'étudiantes égal à celui des étudiants collégiens. C'était une vraie innovation dans le milieu, une révolution des mentalités. Nous n'étions plus dorénavant considérées comme des futures novices ou de futures épouses, mais comme des jeunes filles aux études.

Dans le domaine religieux, nous cherchions par de nouvelles lectures et des récollections d'ordre spirituel, à découvrir une spiritualité qui nous soit propre, qui convienne à notre âge et à notre état de vie. Ainsi était déplacé l'accent aigu mis, depuis si longtemps,

Équipe nationale de la JEC et de la JECF devant la Palestre Nationale.

par nos directeurs de conscience, sur la piété et la chasteté pour mettre l'accent également et surtout sur d'autres vertus et d'autres valeurs: l'échange, le partage et le service apostolique dans notre milieu.

* * *

À l'automne 1938, Alec qui connaissait mon goût pour la correspondance, me dit:

— Pourquoi n'organiserais-tu pas à la Centrale, un service de correspondance entre les étudiants des pays où la JEC est déjà organisée? (France, Belgique, Suisse, Italie, U.S.A.)

Je fis alors à Montréal, accompagnée de mon père, le tour des consulats de ces pays. J'y recueillis des informations et les adresses des ministères de l'Éducation, des universités et des évêchés de chaque pays. D'un contact à l'autre, je réussis à connaître les mouvements de jeunes, leurs publications. Je communiquai avec eux en leur faisant parvenir le *Journal JEC* dans lequel je rédigeais des chroniques signées: S. Monet. On m'avait dit qu'un prénom féminin aurait fait moins sérieux.

Ce service fut mis sur pied avec grand enthousiasme. Je me sentais utile en aidant les jeunes à s'ouvrir l'esprit et le coeur aux réalités vécues par d'autres jeunes dans divers pays. On parlait déjà de l'éventualité d'une guerre en Europe.

Puis, je devins à mon tour, selon l'expression d'alors, propagandiste nationale, Janet-Marie Bertrand, puis Alec Leduc ont été, à ma connaissance, les premières propagandistes générales de la JECF sur le plan national. Aujourd'hui, l'expression propagandiste peut surprendre si on accorde au mot propagande un sens péjoratif. Toutefois, il faut comprendre que les mouvements de jeunesse spécialisés de l'Action Catholique canadienne, issus de l'Action Catholique des années 30, appelée alors ACJC (Association Catholique de la jeunesse canadienne), étaient inspirés des décisions du Vatican en vue d'organiser, d'encadrer, sous la tutelle et la direction de la hiérarchie des diocèses, la jeunesse étudiante catholique des niveaux primaire, secondaire, collégial, (JEC) voire même universitaire (JUC), celle du milieu ouvrier (JOC), du milieu rural (JAC) et des classes moyennes (JIC). Toute cette propagande catholique devait faire contrepoids à la propagande nazie et à la propagande fasciste de Mussolini.

Semaine d'étude de la JECF, juillet 1939.

La crise de la jeunesse

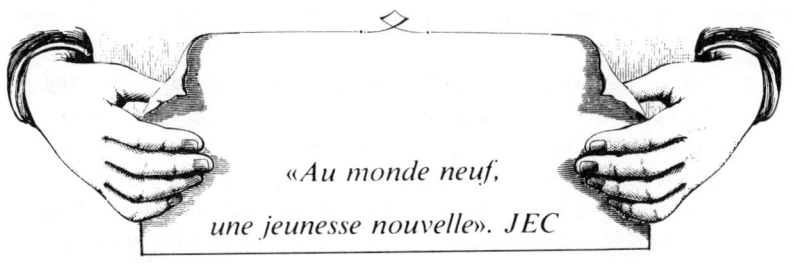

«Au monde neuf, une jeunesse nouvelle». JEC

Chères compagnes,

Croyez-moi, je suis très convaincue, comme bien d'autres dirigeants et dirigeantes, de l'importance de notre engagement social et apostolique dans les mouvements spécialisés de jeunesse canadienne.

J'entends souvent parler autour de moi, dans les maisons d'enseignement, chez les parents et les hommes politiques, dans le monde religieux et surtout dans la hiérarchie cléricale de «crise de la jeunesse»: «Les jeunes ne sont plus comme ceux de notre temps. Ils discutent de tout sans connaissance de cause, se rebellent contre toutes les formes d'autorité établie: celles du gouvernement, de l'Église et de la famille trop traditionnelles à leur goût. Les filles veulent imiter les garçons, faire des études coûteuses et peu pratiques, exercer des carrières. Les jeunes ne veulent pas commencer au bas de l'échelle. Ils sont pressés de s'émanciper, de se diriger seuls et Dieu sait comment... Les jeunes veulent tout changer. En politique, ils sont contre les vieux partis; en religion, ils veulent jouer un rôle actif dans l'Église; en affaires, ils veulent se lancer; en amour, ils se permettent des expériences condamnées par l'Église. Les grandes vertus de virginité et de chasteté sont remises en question.»

En somme, selon plusieurs personnes haut placées, nous les jeunes, nous sommes des effrontés... C'est vite dit.

«CROIS-EN MON EXPÉRIENCE»

Tous les adultes jugent les opinions, les actions des jeunes en se référant à leur expérience, celle de leur propre jeunesse. «Autre temps, autres moeurs» D'autant plus que la guerre apporte aussi beaucoup de bouleversements. On discute partout: pour ou contre la conscription. Les collégiens disent: à quoi ça sert d'étudier si fort, de faire payer nos parents si cher pour nos études si on doit bientôt aller se faire tuer pour l'Empire britannique? Et les collégiennes disent: peut-être serons-nous obligées d'abandonner nos études pour aller dans les usines travailler à l'effort de guerre et remplacer les travailleurs conscrits.

Les mouvements spécialisés d'Action Catholique ont été voulus et ordonnés par le Vatican en réponse aux mouvements mondiaux de jeunesse nazie et fasciste.

Moi, j'ai d'autres raisons de militer dans l'Action Catholique. C'est comme fille majeure, laïque et instruite de mes responsabilités, consciente de la bonne influence que je peux exercer pour apprendre aux filles à réfléchir, à parler tout haut, à se grouper dans chaque école normale, chaque collège dans une section de JECF et faire là, l'apprentissage d'une méthode d'observation, de réflexion et d'action (Voir — Juger — Agir) qui n'est pas enseignée dans les programmes d'étude.

De plus, les élèves, grâce à la JEC diocésaine et nationale peuvent rencontrer des étudiantes d'autres communautés, d'autres villes, d'autres régions lors de congrès et de journées d'étude. Les programmes sont bien préparés et bien organisés sur des sujets choisis par les élèves, touchant la vie étudiante, les loisirs, la culture, la pratique religieuse, l'apostolat laïc, etc, toujours dans un esprit de partage et de service.

Les parents eux, quand ils parlent de «leur expérience», font allusion à celle de leur passé, plutôt vécu dans le sens de la tradition. Ils aimeraient que leurs enfants en tiennent compte, qu'ils apprécient leurs succès, leur réussite personnelle ou professionnelle. Ils veulent éviter aux jeunes de faire des erreurs dues à leur idéalisme et à leur inexpérience. Ils ont de bonnes intentions, mais pour nous les jeunes, l'expérience à prendre a surtout le sens d'invention, d'expérimentation de nouveaux rôles à jouer, de charges et responsabilités à prendre dans notre milieu.

Nous voulons prendre des risques, relever le défi d'être pris ou non, au sérieux, de passer les tests et les épreuves de nouvelles relations avec les parents, les professeurs, les prêtres, mais surtout et d'abord, entre étudiants et étudiantes et nos aumôniers, qui sont des prêtres plus évolués, plus compréhensifs des talents et des responsabilités des jeunes, qui croient à l'importance des groupes organisés de jeunes catholiques, non traditionalistes.

L'expression «Crois-en mon expérience» m'agace. Selon moi, l'expérience valable consiste en sa propre expérimentation, en sa propre prise en charge avec l'aide d'autres personnes, jeunes et adultes, qui croient au même idéal, qui ont les mêmes objectifs. Une marge d'autonomie personnelle est essentielle aux jeunes pour bien accomplir «leur devoir d'État» et prendre des responsabilités sociales. Notre vie quotidienne, sous le signe du risque et de l'enthousiasme sera plus chrétienne parce que plus humaine aussi.

Extrait d'une causerie prononcée en présence des aumôniers et des dirigeant(e)s de la JECF nationale réunis en journée d'étude à la Centrale Catholique à Valleyfield, le 17 août 1940.

Simonne Monet

Laïque dans l'église

Je veux faire don à la JEC et à ses programmes de réflexion et d'action de toutes mes capacités intellectuelles et morales, témoigner publiquement de ma foi en la présence réelle de l'Esprit Saint et de mon appartenance au corps mystique du Christ. Enfin, je veux communiquer le message évangélique, le faire rayonner autour de moi. Même si la JEC fonctionne dans les cadres de l'Église institutionnelle, catholique romaine, mon engagement apostolique est avant tout personnel et libre.

Je ne tiens pas à être «le prolongement du bras» et du sacerdoce de l'Évêque comme on nous dit parfois, ni son porte-parole. Je veux demeurer une militante laïque de plein pied et à part entière dans un travail apostolique où nos propres instruments de travail sont à inventer. Nos messages doivent être conçus et exprimés par nous, à notre façon, dans notre style, à l'intérieur d'équipes, en collégialité.

Personnellement, je suis à la recherche d'une pensée théologique et spirituelle, d'une spiritualité laïque spécifique d'évangélisation. Pourtant, au couvent, je n'avais pas accès aux livres de théologie; ils étaient réservés aux prêtres. C'est en cachette que j'ai lu *les Confessions* de Saint Augustin. J'ai été étonnée d'apprendre alors qu'il était Africain: on s'imagine que tous nos saints patrons sont Français. J'ai aussi constaté en lisant certains chapitres sur les dogmes, les schismes, que ce n'est pas cet aspect de la théologie qui m'intéresse. Ce que je veux étudier, c'est la théologie contemporaine, surtout les recherches sur le sens spirituel de la Parole de Dieu dans la vie temporelle, la vie courante. Mais de gros bouquins récents présentent encore des thèses où le spirituel et le temporel sont définis comme étant opposés, irréconciliables, sans communication aucune.

Influencés par le néo-thomisme du philosophe catholique Jacques Maritain, les aumôniers des mouvements d'Action Catholique exigent des membres, la neutralité absolue sur le plan politique. Ils font, à mon point de vue, une trop nette distinction entre «agir dans le monde en tant que chrétien» et «agir en chrétien». C'est une distinction à la fois subtile, confuse et inutile.

Un exemple pour mieux illustrer ma pensée. Aux jeunes membres des mouvements nationaux et patriotiques, l'Action Catholique officielle répond: «Vous voulez changer l'ordre et le régime politique établis, orienter autrement l'économie, créer une nation canadienne française, mais vous ne tentez même pas de changer le fonctionnement de votre propre vie de jeunes, d'améliorer la vie intellectuelle et spirituelle de votre milieu. Alors...»

Nous, les jeunes volontaires de l'Action Catholique, voulons jouer un rôle actif dans la vie courante: étudiante, familiale et sociale. Le domaine de la vie profane et de l'action civique nationale et politique est mal perçu — s'il n'est à toutes fins utiles interdit, par les autorités religieuses, aux dirigeant(e)s officiel(le)s d'Action Catholique. Je me sens comme à la Pentecôte, transmetteur du message dans une longue nouvelle en vue de christianiser à la fois nos attitudes personnelles et celles de notre milieu normal de vie. Voilà pourquoi les mouvements de jeunesse sont maintenant spécialisés. «Apôtre dans ton milieu», tel est le slogan.

Jusqu'à ce jour, nous les laïcs de tout âge et de toute génération, spécifiquement les femmes, avons été des *objets* de sanctification, de prédication, d'exhortation, de consignes, de mots d'ordre, etc. Nous ne serons plus des répétiteurs de sermons préfabriqués. Nous voulons être traités dans l'Église comme des *sujets* à part entière avec des responsabilités réelles. Nous désirons à travers nos études, nos amitiés et nos amours assumer le risque d'être vraiment chrétiens tout en conservant notre libre arbitre.

Simonne Monet

Extraits d'une causerie prononcée en présence des aumôniers et des dirigeant(e)s de la JECF nationale réunis en journée d'étude à la Centrale Catholique à St-Jean d'Iberville, juillet 39.

Le vieux chanoine qui présidait cette assemblée répliqua aussitôt:
— Mlle Monet, vos propos sont scandaleux, vous êtes «une petite graine» de franc-maçon. Vous êtes bien la petite-fille de Dominique Monet, libre penseur et anticlérical. Vous péchez par orgueil. Savez-vous que le seul péché qui n'est pas pardonné est le péché selon l'Esprit? Les femmes dans l'Église comme dans la vie conjugale, familiale et civile sont des mineures et ne doivent pas exiger d'étudier la théologie. Jamais elles ne seront prêtres. Elles doivent humblement et tout simplement offrir leurs services aux oeuvres diocésaines sous la direction des aumôniers. Votre manière de penser et de parler et l'orientation de votre spiritualité souffrent d'une déviation protestante. Prenez garde! Laissez-vous plutôt guider par vos aumôniers.

* * *

Une anecdote que j'ai gardée en mémoire: il était d'usage pour les dirigeant(e)s d'Action Catholique d'aller saluer leur évêque respectif dans l'après-midi du Premier de l'An. Durant quelques années, j'ai eu l'occasion de rencontrer à l'Archevêché Mgr Paul Bruchési, Mgr Georges Gauthier et Mgr Joseph Charbonneau, archevêques de Montréal. Selon la coutume, les fidèles devaient s'agenouiller devant l'évêque et baiser sa bague, signe de son autorité.

À l'une de ces rencontres, j'hésitai à faire la génuflexion. Fin observateur, Mgr Charbonneau tendit le bras et me releva:
— On ne se met à genoux que devant Dieu. Ma fille, jouez pleinement votre rôle dans l'Église quels que soient les obstacles que celle-ci met sur votre route.

Puis, il me confia que certains aumôniers diocésains n'approuvaient pas mon attitude fière et mes propos trop libres. Plusieurs s'en étaient plaints aux aumôniers nationaux de la JECF, le Père Émile Deguire c.s.c. et le Père Germain-Marie Lalande c.s.c. «Ma fille, continuez votre travail en état de grâce avec l'Esprit Saint et le Christ. Vous êtes en bonne compagnie.»

Puis il me sourit.

JOC

HENRI ROY, O.M.I., PRÊTRE PARMI LES OUVRIERS

La première fois que j'entendis parler de l'organisation de la jeunesse ouvrière, ce fut par mon père. Il avait du haut du Banc, vers 1936, fait une déclaration publique sous forme de questions, que les journaux avaient amplement reproduite et commentée:
— Que fait l'Église Catholique pour les malchanceux, les défavorisés qui reçoivent des sentences de prison? Quelle aide leur apporte-elle? La présence d'un aumônier dans une prison, ses sermons et ses exhortations ne suffisent pas à venir en aide aux récalcitrants. Par contre, je suis à même de voir et d'apprécier le secours offert aux jeunes délinquants et aux récidivistes adultes, par des organismes protestants tels: le Y.M.C.A., l'Armée du Salut et le Prisoners' Aid. Ces groupes s'occupent d'organiser des refuges de nuit et de l'assistance aux prisonniers dont 85% au moins sont des catholiques. Il est temps que les évêques et les fidèles organisent des services sociaux pour venir en aide aux condamnés et aux détenus. C'est d'ailleurs «une oeuvre temporelle et spirituelle de miséricorde» de visiter et d'aider les prisonniers. Pourquoi sont-ils si délaissés par la population canadienne française, majoritairement catholique?

À cette prise de position blâmant l'apathie des catholiques, le Père Henri Roy o.m.i., aumônier fondateur de la JOC, demanda rendez-vous à mon père au Palais de Justice. Les deux hommes se rencontrèrent, se comprirent très bien et devinrent amis et collaborateurs. Il raconta à mon père qu'à la lecture de sa déclaration, il était sorti de ses gonds et de sa Centrale!

Henri Roy était né dans l'État du Maine aux États-Unis, de parents canadiens français, vers la fin du siècle. Il avait fréquenté uniquement l'école primaire, avait vécu en milieu ouvrier et connu toutes ses misères. Puis il avait travaillé très jeune, dès ses quatorze ans.

Il avait entrepris à l'âge de vingt-deux ans des études classiques au Séminaire des Vocations tardives de St-Victor-de-Beauce. Ordonné prêtre, il était devenu membre d'une communauté religieuse consacrée aux défavorisés: les Oblats de Marie-Immaculée.

En 1930-31, il fonda en même temps la JOC américaine et canadienne et organisa des services sociaux pour les gens« mal pris». Les conclusions d'une enquête sur la situation de la jeunesse ouvrière au foyer, au travail, dans les loisirs, à la taverne, en société, incitèrent Henri Roy à se lancer dans l'aventure apostolique du Chanoine Joseph Cardijn, fondateur de la JOC européenne.

Mon père m'avait fait lire ce texte pour me faire réaliser la vie difficile de la majorité des familles ouvrières. Me sentant favorisée par le sort et privilégiée dans ma vie d'étudiante pensionnaire, ce fut, cette année-là, une raison de plus de m'engager dans la JEC.

Plus tard, dirigeante à la Centrale de la JEC, je voulus rencontrer le Père Roy au 1037 rue St-Denis. Je pris le repas du midi avec les dirigeant(e)s jocistes d'alors, Julien White et Laurette Larivière, tous deux fort sympathiques. Le Père Roy était occupé à rédiger son discours pour le prochain congrès. Prévenu de ma présence, il vint me saluer. Il me dit sur un ton mi-blagueur, mi-sarcastique:

— Que nous vaut l'honneur de la visite d'une représentante de la JECF en nos pauvres locaux?

— Mon père, je vous salue! Je viens non en déléguée mais en sympathisante du travail de votre Centrale. Mon père m'a souvent parlé de votre dynamisme et de votre courage pour aider la classe ouvrière.

— Alors, ma fille, passe à mon pupitre, je vais te faire lire mon rapport intitulé «Les Services sociaux de la JOC».[1]

Serais-tu intéressée à rencontrer les jocistes au prochain congrès à Ottawa? Veux-tu, toi «de la haute», jaser avec des gars et des filles d'usine?

— Certainement, mais je serais mal à l'aise. J'avoue ne pas connaître concrètement leurs problèmes. J'ai été éduquée sans contact avec le milieu ouvrier. Mais je ne suis pas snob.

---

[1] Les Services sociaux de la JOC comprenaient entre autres des services de santé (dépistage et traitement des maladies vénériennes), l'aide aux désemparés (visites et services aux prisonniers, présence en cour judiciaire), l'aide aux sans-foyer, le secours aux filles-mères et des services aux voyageurs. Quelque temps plus tard, furent mis sur pied un service d'entraide aux soldats dans les camps militaires et un service de relations épistolaires entre les jocistes mobilisés dans les camps.

— On verra bien ça. En tout cas ton père, lui, ne l'est pas. À bientôt. Je contacterai le Père Lalande, l'aumônier de ta Centrale. Ça serait bon pour lui aussi de rencontrer les jocistes.

— Lui, c'est un fils de cultivateur. Il a l'esprit large et est très sympathique.

— Les mouvements spécifiques de jeunesse c'est une bonne idée, à condition que les groupes se rejoignent, se parlent et s'entraident. Je compte sur toi.

* * *

Une jeune et fort jolie dirigeante de la JOC, Madeleine Maillé, organisatrice des services aux adolescents (Pré-JOC), me présenta aux militant(e)s et organisateurs. Assise près d'elle sur l'estrade de l'immense Stadium du Congrès, elle me propulsa vers le micro sans préavis. Puis elle dit aux milliers de jocistes réunis:

— Je vous présente Simonne Monet, la fille d'un juge...

Je fus huée. Couvrant le chahut, Madeleine leur cria: «Mais elle est ben correcte. Elle est dirigeante de la JECF dans vingt-deux diocèses. Vas-y Simonne, parle-leur.»

J'avais évidemment préparé mon discours avec beaucoup de soin, mais, face à cette foule, j'eus des trous de mémoire. Je bafouillai. J'invoquai l'Esprit Saint. Je repris mes esprits et, sûre de moi, j'improvisai.

— Comprenez-moi bien. Les autorités religieuses nous proclament, nous les jeunes des couvents et des collèges, «la crème de la société» parce que nous sommes de futurs professionnels, de futurs chefs de file. On a été élevés à entendre dire que c'est normal qu'il y ait des gens instruits et d'autres faits pour être des travaillants, des riches et des miséreux, des débrouillards et des «sans dessein», des gens chics et des gens pauvres, des chefs et des petits soldats. Ce sont d'affreux préjugés, ceux du milieu bourgeois. Je m'en excuse publiquement.

Dans notre éducation, tant à la maison qu'au collège, on nous a toujours enseigné à garder notre rang, à ne pas sortir de notre milieu.

Croyez-moi, aujourd'hui je suis très honorée d'être ici parmi vous. J'ai beaucoup à apprendre de vous qui militez avec courage dans le concret de la vie quotidienne. Nous partageons le même idéal. De quelque milieu que nous soyons, nous sommes des soeurs, des frères. Rapprochons-nous.

Le même été, le 23 juillet 39, j'assistai, au Stadium de Montréal, avec des milliers d'autres sympathisants, à la cérémonie de mariage de 106 couples jocistes. Tous avaient suivi, durant plusieurs mois, une douzaine de cours de préparation au mariage, initiative du Père Roy. Celui-ci ayant vu de si près tant de mariages désunis et malheureux, faute de connaissances élémentaires de psychologie, de sexualité, de la façon d'établir le budget familial, et des droits légaux de chacun des conjoints, organisa le Service de préparation au mariage. Selon son adage: «À un problème, une solution».

Le défilé de cette centaine de fiancées en robe blanche et de leurs fiancés vers l'autel pour dire à haute voix le «oui» sacramentel pouvait attendrir les plus sceptiques. Certains voyaient dans le grand déploiement de la JOC une façon détournée d'éviter la conscription. Mais les mariés eux, qui étaient de fervents jocistes, manifestaient collectivement, après mûre réflexion, leur foi en l'Amour.

Le soir venu, un grand jeu scénique «Le monde du travail», mettant en scène plus de trente jocistes, sous la direction du Père Legault et du meneur de jeu Roger Varin, tous deux Compagnons de St-Laurent, fut présenté devant une assistance de près de 30,000 personnes.

Cette journée mémorable bien organisée fit découvrir, à l'ensemble de la population de Montréal et de la province, l'existence et la force d'une jeunesse ouvrière volontairement chrétienne.

Photo: La Presse.

Livres à l'index et les autres...

À la Centrale, grâce aux contacts internationaux des dirigeants et des aumôniers de la JEC, nous avons eu la chance de lire des auteurs à la fine pointe de la spiritualité laïque. Nous échangions nos vues et commentaires «en équipe» sur ces poètes, philosophes ou auteurs spirituels. Je ne puis résister à en énumérer ici quelques-uns qui ont longtemps et fortement marqué ma vie.

De Francis Jammes, des poèmes naïfs et purs.

De Charles Péguy, *Le mystère de la charité de Jeanne d'Arc* et *Notre-Dame sur la place*.

D'Henri Ghéon, *Le Noël et la messe sur la Place*.

De Jacques Maritain, *D'Henri Bergson à St-Thomas d'Aquin (essai de métaphysique et de morale)* et *Henri Bergson, l'Homme et l'évolution*.

De Raïssa Maritain, *Les grandes amitiés* (Souvenirs)

De Jacques Rivière, *À la trace de Dieu*.

D'Isabelle Rivière, son épouse, *Sur le devoir d'imprévoyance*.

D'Albert Buissières, s.j. *Sers...*

De F. Desplanques, *La messe de ceux qui ne sont pas prêtres*.

Du Chanoine Pierre Tiberghien, *Comment se cultiver* avec, en page couverture: «La culture, telle qu'elle a été envisagée ici, est de l'ordre de l'esprit; elle n'aura donc sa valeur définitive que si elle se hausse jusqu'au point où elle entrera dans l'ordre de l'Amour, du savoir en Amour, une lecture réfléchie est une Lumière pour l'action.»

De A. Christian, *Ce sacrement est grand* (témoignage d'un foyer chrétien).

D'Ernest Psychari, *Voyage de Centurion*.

De Léon Bloy, *La femme pauvre* (épisode contemporain),
Le mendiant ingrat (journal en deux volumes) et
Le pèlerin de l'absolu.

De Georges Bernanos, *La grande peur des bien-pensants,
Les grands cimetières sous la lune* et *Journal d'un curé de campagne*
Du Chanoine Michel Pfliegler, *Le vrai chrétien en face du monde réel.*

J'ai conservé, dans notre bibliothèque, tous ces volumes et tant d'autres.

Des livres, pourtant de haute qualité littéraire et philosophique furent, à l'époque, mis à l'index*. De grands auteurs français, Ernest Renan *La Vie de Jésus* — Victor Hugo *Les Misérables* — André Gide *Les Nourritures terrestres*, et plusieurs autres, éveillaient alors notre curiosité sans toutefois nous causer de réels problèmes de conscience.

* L'index a été supprimé en 1966.

L'INTERDIT

Un samedi, en lisant la section «littéraire» du journal, mon père attira mon attention sur une exposition de livres tenue à la salle du Gésu. Un autre article mettait en lumière les effets de la censure ecclésiastique. Le journaliste relevait les risques qu'une maison d'édition encourait si elle entreprenait de rééditer *Les Demi-Civilisés.*

Papa me parla avec vigueur et irritation de la censure de ce roman de Jean-Charles Harvey, journaliste et écrivain vivant à Québec.
— Ce roman peint les moeurs d'un certain milieu bourgeois: hommes politiques, hommes d'Église et femmes du monde de Québec et d'ailleurs en province. Un décret, publié dans *la Semaine Religieuse* du diocèse de Québec, défend aux fidèles, sous peine de péché mortel, de le lire, de le garder, prêter, acheter, vendre, imprimer ou diffuser de quelque façon que ce soit.
— Pourquoi?
— L'Église du Québec revendique et s'accorde une juridiction d'ordre moral sur les matières de l'enseignement à tous les niveaux. Les postes de supérieur de collège, de recteur d'université sont des nominations d'évêques. À mon point de vue, intervenir dans la publication d'oeuvres littéraires pour un public adulte, c'est outrepasser grandement son pouvoir.
— Mais l'Église a-t-elle autorité sur les écrivains laïcs?
— Elle la prend. C'est un abus de pouvoir. J'ai lu *Les Demi-Civilisés* dès sa parution. Si l'Église veut parler de juridiction, l'évêque n'est maître que dans son diocèse; je ne suis pas du diocèse de Québec, heureusement. De toute façon, je n'ai jamais voulu plier devant

l'autoritarisme, qu'il vienne de Taschereau ou du cardinal de Québec.
— Me laisserais-tu lire ce roman s'il était publié à Montréal?
— Bien sûr. C'est à toi de te servir de ton jugement. C'est ça le libre arbitre. Jean-Charles Harvey est un esprit indépendant, d'avant-garde; c'est un excellent écrivain, un styliste et un critique de moeurs.

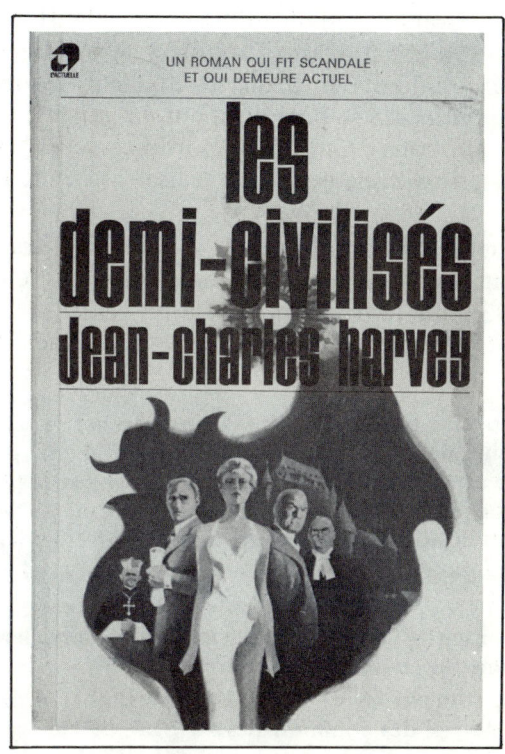

Congrès international Pax Romana

En 1938-39, parmi les visiteurs et les habitués sympathiques aux diverses activités de la Centrale JEC, se trouvaient très souvent Daniel Johnson et André Bachand, tous deux étudiants en droit et rédacteurs au journal *Le Quartier Latin*. Ils se prononçaient en page éditoriale sur diverses questions de grande importance, telles la conscription, «la nation canadienne française» et l'unité canadienne.

La guerre en Europe était imminente. Sous le titre «Notre attitude», Daniel Johnson signe, dans le no. du 31 mars 1939 du journal universitaire, le préambule d'un manifeste préparé par son copain André Bachand et lui-même:

«Par mauvaise foi ou ignorance l'on a accusé les étudiants de l'Université de Montréal de faire le jeu d'une propagande étrangère et anti-démocratique. Pour renseigner le public, voici la position des étudiants vis-à-vis le problème si actuel de la participation du Canada aux guerres extra-territoriales:

«Nous sommes Canadiens, citoyens du Canada, pays d'Amérique.»

«Nous sommes attachés aux principes d'une saine démocratie et nous avons foi en l'avenir de notre pays.»

«Nous ne sommes les instruments de personne, ni des nazis, ni des fascistes, ni des communistes.»

«Nous sommes formellement opposés à toute participation du Canada aux guerres extra-territoriales. Nous savons ce que 1914 nous a coûté en dollars et en vie. Et nous ne consentirons pas à un suicide national.»

«Le Canada d'abord et avant tout. Nous sommes Canadiens.»

«Ces principes sont assez nobles pour rallier tous les vrais Canadiens, au-dessus des partis politiques.»

Au nom de l'exécutif de l'A.G.E.U.M.
Daniel Johnson, président.

Et l'article en question se terminait ainsi:

«En dépit de tous les supposés sages, des impérialistes de tout acabit, des faux «bonne-ententistes» les étudiants tempêteront. Autant que possible ils éviteront les excès de langage et ne perdront pas de vue le bon sens. Leur cause est assez noble pour s'imposer au respect de tous les vrais Canadiens. Ils ne toléreront pas qu'on les écarte dédaigneusement du débat. Encore moins qu'on les traite de lâches. Qu'on nous suive et l'on verra.»

Daniel Johnson,
président de la F.C.E.Q.
(Fédération Canadienne des
Étudiants Catholiques).

En août 39, c'est à ce titre qu'il rassembla des étudiant(e)s des universités et collèges canadiens français actifs dans l'Action Catholique (JEC — JUC). Il dirigea, en collaboration avec les aumôniers des universités et ceux de la Centrale de la JEC, une délégation étudiante canadienne au Congrès de Pax Romana, tenu d'abord à Washington, puis à New York. La délégation partit par autobus pour Washington, le samedi 26 août.

Congrès de Pax Romana: de droite à gauche, un délégué finlandais, Simonne Monet, un délégué espagnol et sur la marche inférieure, Daniel Jonhson.

Journal de voyage, lundi 28 août 1939
Catholic University of America, Washington D.C.

11 heures
Au programme: Ouverture du Congrès de Pax Romana, organisme international au service des fédérations d'Action Catholique en milieu universitaire.

Thème: Nécessité de la vie spirituelle, de l'action apostolique et de la fraternité des universitaires catholiques au-delà des frontières, au-delà des races.

Mot de bienvenue aux délégations étrangères par le recteur de l'Université Catholique de Washington: Father Carrigan, s.j. et Edward J. Kirchner, président de Pax Romana.

«Ensemble, jeunes chrétiens, il faut vite refaire un monde fraternel et chrétien et tenter d'éviter la guerre. Les dons et talents de chacune de nos personnalités doivent être mis au service des objectifs de la cause de la paix chrétienne. Comme individu, on ne s'appartient plus. Il faut se mettre en état de vie chrétienne, en grande sincérité et ne pas laisser nos défauts personnels, nos égoïsmes nationaux contrecarrer les espoirs d'échange, d'entraide et de paix des humains de tous les continents. Ce Congrès tenu à Washington, lance un appel à la jeunesse catholique mondiale pour qu'elle renouvelle sa foi dans la fraternité chrétienne universelle et tente de toutes ses forces d'influencer leurs gouvernements en vue d'éviter la guerre qui menace tant de pays.»

Washington, jeudi 1er septembre 1939

Deux grandes manchettes dans les journaux de Washington:

«L'ALLEMAGNE ENVAHIT LA POLOGNE»
«VARSOVIE EN FLAMMES»

«Les nazis brûlent l'Université et fusillent les étudiants et professeurs résistants et même la population civile. Les chars d'assaut et les SS pénètrent rapidement partout à la fois à l'intérieur de la Pologne. Pas de résistance efficace.»

Ma voisine de chambre est une pharmacienne polonaise et mon voisin de gauche est un aumônier de l'Action Catholique de Berlin. Leurs frères et leurs pères s'entretuent peut-être aujourd'hui. Les séances du Congrès sont suspendues. La Patrie appelle sous les drapeaux tous les jeunes, où qu'ils soient. Les délégués doivent se rendre à leurs ambassades ou consulats respectifs pour recevoir des indications, sinon des ordres.

La Catholic University of America, où se tient le Congrès, appelle les délégués à une cérémonie religieuse afin de prier pour la réconciliation des gouvernements et des peuples pour que la guerre ne dure pas et ne s'étende pas à d'autres pays. Le chef du secrétariat de Pax Romana, Rudi Salat, voit tout son programme de rencontres, de discussions et de projets d'action sur le plan international s'effondrer. Nous de la délégation canadienne, sommes moins directement touchés par la guerre en Europe.

Journal de voyage, samedi 3 septembre 1939

Les délégués du Congrès se retrouvent aujourd'hui à New York à l'Université Fordham, dirigée par les jésuites, nos hôtes. Il s'agit de poursuivre les objectifs du congrès, forcément reformulés, étant donné les circonstances.

Aujourd'hui, autre nouvelle macabre:

«L'Angleterre, le Canada et la France déclarent la guerre à l'Allemagne.»

Je suis angoissée et bouleversée. Comment ces jeunes hommes étudiants et universitaires européens survivront-ils? Et le mouvement et le secrétariat international de Pax Romana? Au Canada, le parti libéral fédéral votera-t-il la conscription malgré l'opposition des Canadiens français?

Malgré les terribles événements de ces deux dernières semaines, des contacts fraternels furent établis entre les jeunes de divers pays des cinq continents. Faute de réunions régulières à cause des événements, des rapports écrits concernant les activités des groupes universitaires d'Action Catholique nous furent remis. Moi, je prenais des contacts, des notes, des adresses pour au retour, donner un bon envol au Service des Correspondants de la JEC.

Une soirée amicale de danses folkloriques nationales eut quand même lieu. Les jeunes Européens essayaient de se décontracter, d'oublier la guerre, du moins pour quelques heures.

Beloeil, 4 septembre 1939

Hier soir, notre délégation fatiguée et attristée est revenue à Montréal, vers la fin de la soirée. Tous étaient songeurs, avaient même beaucoup mûri en quinze jours. L'atroce situation internationale, où tant de jeunes, contre leur gré, sont et seront conscrits, devront tuer d'autres jeunes de leur âge et risquent fort aussi de se faire tuer, occupe mes pensées, me préoccupe. Tous nos propos de congrès vers la fraternité universelle me semblent maintenant utopiques.

Mon père qui m'a encouragée à participer à ce congrès et en a payé les frais m'a reçue à bras ouverts à la gare d'autobus, rue Drummond. Il m'avait écrit le 23 août 39:

«*Ce voyage au Congrès international des étudiants qui se tiendra à Washington et à New York, te tente tellement que nous ferons ta mère et moi le sacrifice de ton absence de quinze jours. Ouvre les yeux bien grands et les oreilles aussi. Je te recommande fortement de ne pas trop te fatiguer. La cause si noble de la JEC et de la F.C.E.C. a besoin de toi. N'abuse pas de tes forces physiques. Amitiés à tous les jeunes délégués*».

Après les embrassades du retour, il fallait faire face à une nouvelle et odieuse réalité: la guerre. Comment se fait-il que des pays majoritairement chrétiens, tels l'Allemagne et la catholique Italie puissent ainsi aller à l'encontre de l'enseignement des commandements de Dieu et de l'Évangile: «Tu ne tueras point»?

Hier, 3 septembre, le Canada traditionnellement fidèle et soumis à la Grande-Bretagne s'est vite engagé à participer à cette guerre. Pourquoi n'a-t-il pu rester neutre? Probablement pour des raisons économiques. Y aura-t-il des mouvements de pression assez forts pour dissuader le gouvernement canadien de voter la mobilisation, l'enrôlement obligatoire et surtout la conscription?

* * *

Mes profondes convictions pacifistes, anti-militaristes ont pris naissance lors de ce Congrès et m'ont incitée à travailler concrètement à une meilleure coopération et compréhension entre les gens de divers pays. La déclaration de cette guerre m'a posé un grave problème de conscience.

Pourquoi la philosophie et la théologie ont-elles toujours cherché à séparer dans ses enseignements le physique et le spirituel chez l'être humain?

Pourquoi les philosophes et les théologiens distinguent-ils encore le temporel du surnaturel?

Pourquoi la religion catholique néglige-t-elle trop souvent de considérer l'être humain comme un être responsable d'abord de lui-même et tout à la fois responsable et solidaire des autres dans son milieu?

Pourquoi distinguer et séparer l'être humain sur tant de plans: physique, intellectuel, moral et politique?

En ce sens, la religion est trop désincarnée; alors que le Christ, Lui, s'est incarné pour vivre sur terre comme un homme, en communion constante avec l'Esprit.

La guerre est-elle inévitable?

Et la paix est-elle réalisable?

Et à quel prix?

Mon père, mon ami, mon guide

Durant toute ma vie, et bien qu'il soit décédé en 1946, mon père a été mon ami. Il demeura mon guide. Je parle encore très souvent de lui, presque tous les jours, ce qui agace souvent les membres de mon entourage: mari, grands enfants et surtout mes amies féministes. Dans l'éventualité d'une prise de décision importante, je me réfère encore à lui en pensée. Que m'aurait-il suggéré de faire dans les circonstances?

Homme de moeurs et d'idées avant-gardistes, mon père m'avait appris très tôt à conduire une automobile. C'était assez inusité à l'époque. «Ainsi tu seras plus libre dans tes allées et venues. Tu ne dépendras pas de Pierre, Jean, Jacques», m'avait-il dit. De dix-huit à vingt-deux ans, je conduisais mon père à son bureau, au nouveau Palais de Justice, rue Notre-Dame, en face du vieux Palais de Justice où avait siégé son père Dominique. «Je vais au *Palais* de Justice» disait-il sur un ton sarcastique. Ironie du sort pour deux démocrates que d'avoir professionnellement siégé dans des *Palais*...

Du Vieux-Montréal, je remontais ensuite vers la rue St-Hubert et je me rendais rue Cherrier à la Palestre Nationale*, où étaient situés les locaux des mouvements spécialisés de l'Action Catholique. C'est d'ailleurs à la porte de ces locaux que je rencontrai pour la première fois Michel Chartrand, dirigeant de la Jeunesse Indépendante Catholique (JIC). Il me fut présenté par mon amie et compagne de travail Alexandrine Leduc.

* aujourd'hui le pavillon Latourelle de l'UQAM.

Après ma journée de travail bénévole, j'allais très souvent rencontrer mon père et nous revenions ensemble à la maison. Il arrivait fréquemment que nous soupions en ville avant d'assister à un concert ou de suivre ensemble, des cours du soir, dont ceux d'Édouard Montpetit, sociologue économiste et professeur à l'École des Sciences Sociales de l'Université de Montréal et aux HEC. Mon père avait gardé de ce professeur érudit et si compétent un excellent souvenir du temps de ses propres études en droit... Situation cocasse, il retournait à la même Université, rue St-Denis coin Ste-Catherine, mais cette fois accompagné de sa fille.

Le samedi, pendant que maman faisait les achats, nous allions bouquiner rue St-Denis, rencontrer Messieurs Bernard Valiquette et Albert Lévesque, tous deux éditeurs et amis de papa. Souvent, nous arrêtions chez Edmond Archambault nous faire cadeau de nouveaux disques. Durant nos allées et venues en automobile, nous causions de l'actualité artistique et politique, les deux intérêts majeurs de mon père.

De retour à la maison, il lisait dans le boudoir *Le Canada* et *Le Devoir*, puis il étudiait ses dossiers et rédigeait ses jugements. Je l'ai toujours vu lire et écrire. Parfois, il levait les yeux sur moi et me disait à brûle-pourpoint:

— Es-tu intéressée à connaître la décision que je viens de prendre?

— Oui, sûrement, Mais je ne tiens pas à entendre citer les articles du Code. Tu sais que je n'ai pas de connaissances légales et je ne tiens pas à étudier le Code.

Et il plaidait devant moi. Pour la Défense, puis pour la Couronne. Il devenait éloquent, convaincant. Ça me fascinait de le voir jouer ces rôles.

— Tu as un talent extraordinaire de comédien.

Vexé, il me répondait:

— Il n'est pas question ici de comédie. Les accusés ne sont pas des personnages, mais des êtres vivants.

Mon père provoquait volontairement mes questions et réactions. Je demandais des explications sur les éléments dont le juge doit tenir compte.

— Selon moi, la preuve est faite. L'accusé est coupable. Mais est-ce vraiment de sa faute?

— Et voilà! Les circonstances atténuantes, c'est ça.

— Les circonstances atténuantes? Qu'est-ce que c'est?

— À titre d'exemple, je vais te lire la supplique qui m'a été adressée par l'accusé.

Monsieur le Juge Amédée Monet,
Sessions de la Paix,
Palais de Justice.

3 octobre 1939

Monsieur le Juge,
  J'ai trente ans et sur ces trente années d'existence misérable, j'en ai passé vingt-deux, à la réforme et à la prison. Vous voyez que je n'ai pas eu de chance dans la vie. Je n'ai eu personne au monde pour prendre soin de moi dans mon enfance. J'ai été lâchement abandonné par mes parents, à l'âge le plus tendre, à l'âge de quatre ans. Je n'étais certainement pas criminel à cet âge.
  Mais vous direz que je suis coupable, car je plaide coupable aux deux accusations portées contre moi, deux accusations de faux prétextes au montant de $26 chacun. Oui, je suis coupable, monsieur le Juge, mais suis-je bien le seul coupable? Mes parents? La justice ne l'est-elle pas un peu coupable, elle aussi pour m'avoir toujours condamné, je dirais, pour s'être vengée de moi?
  Mais assez. Vous qui siégez, vous qui voyez les grandes misères humaines défiler devant vous, vous en savez quelque chose. Il y a quelques mois à peine j'étais remis en liberté. J'avais $5 quand je vins à Montréal. Il me fallut vivre quinze jours avec cela. J'ai cherché du travail comme un homme qui a le désir d'être honnête en dépit de tout un passé. Des milliers d'employés étaient sans travail. Je me suis découragé et je me suis rendu coupable. La loi demande encore une punition. Elle demande encore une fois à se venger en se servant de mon passé malheureux pour me condamner.
  C'est le moment psychologique de ma vie que je vous supplie de considérer. Ce ne sont pas de fausses promesses que je fais ici, mais c'est une certitude que j'exprime. La société s'est toujours plu à voir en moi ce qui était mauvais. Je vous demande de voir ce qui est bon dans mon caractère. Donnez-moi une fois dans ma vie, la chance de prouver ma reconnaissance par une conduite irréprochable dans l'avenir.

H.F. (extraits)

— Cette lettre est bien émouvante. Je réalise une fois de plus que tous les gens n'ont pas eu comme moi, dès l'enfance, le privilège d'être entourés d'affection et de protection.

— En effet. De toute façon, la prison telle qu'elle est instituée et réglementée n'offre pas de solution de réhabilitation. C'est la pire école de criminalité. Il m'arrive aussi de faire face à des situations cocasses. Un jour, un robineux est revenu devant la Cour des Sessions de la Paix pour la dixième fois. Accusation: vol de charbon sur la voie du C.N.R. à St-Henri. À la question posée: «coupable ou non coupable?» Il répondit: «Divine vieux maudit, c'est ta job, t'es payé pour ça».

— Dans le fond le bonhomme avait raison.

— Personnellement, je cherche toujours des alternatives possibles à la prison. La profession légale est trop conservatrice pour en proposer aux législateurs. Il y a pourtant beaucoup d'avocats qui sont députés... J'espère que votre génération saura faire mieux. Je compte sur toi.

— La pratique du droit est encore interdite aux femmes. J'aimerais mieux faire voter de nouvelles lois plus modernes et plus justes.

— Pauvre toi! Tu n'as même pas le droit de vote, moi non plus d'ailleurs...

— Mais quand j'aurai 21 ans, j'aurai alors le droit de voter, celui de me prononcer sur la politique, sur les lois, non?

— Peut-être... À condition que le gouvernement provincial et le haut clergé soient enfin d'accord pour accorder aux femmes le droit de vote. Il serait plus que temps.

— De toute façon, moi, je veux faire du service social et améliorer les conditions de vie des gens. Maintenant, j'agis comme dirigeante de la JECF, mais plus tard, je m'impliquerai dans un milieu social beaucoup plus large. Au niveau des femmes de toute la société. Ça fait longtemps que j'y pense.

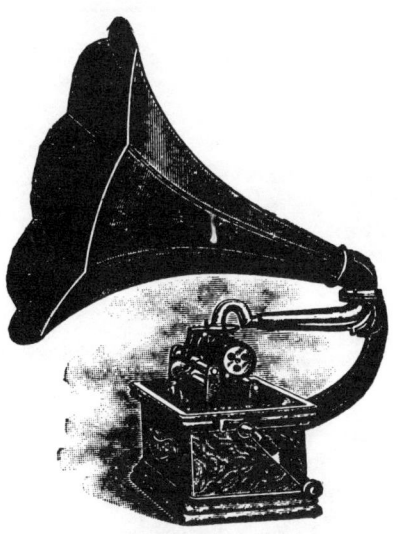

    Le samedi, de 3h à 4h l'après-midi, nous écoutions avec maman, l'Opéra du Métropolitain de New York, retransmis à la radio. Depuis l'université, mon père était un habitué des soirées d'opéra. Il possédait plusieurs librettos et me les faisait lire. Maman, elle, me racontait les intrigues amoureuses.

    Ces goûts partagés nous permettaient de causer, plus à l'aise, de nos opinions sur l'amour, la sexualité, la fidélité conjugale, la religion, et la mort. Nous discutions de l'orientation de nos activités, apostoliques et culturelles pour moi, sociales pour mes parents qui se dévouaient pour les oeuvres de bienfaisance. Nos points de vue différaient souvent. J'étais surtout en désaccord avec les points de vue conventionnels. «Rentrer après minuit, c'est être une fille de mauvaise vie», disait-on. Parfois je traitais mes parents de bourgeois; eux insistaient sur mon inexpérience et me considéraient trop idéaliste et naïve. Libérés du travail ménager, intellectuel et professionnel, c'est ainsi que nous causions, discutions et parfois blaguions tous les trois.

*　*　*

    En récompense de l'intérêt que je portais à son travail, mon père m'invitait parfois à dîner avec lui dans le Vieux-Montréal, en compagnie de ses amis: avocats, journalistes, artistes et écrivains. L'amitié, peu habituelle à l'époque, entre un père et sa jeune fille, donnait à penser que je devais être plutôt sa maîtresse que sa fille.

— Je vous présente ma fille Simonne.
— Enchanté, mademoiselle.

Et l'on souriait...

Je ne pouvais tout de même pas brandir mon acte de naissance. Je n'avais pas à justifier le fait que je me plaisais en compagnie de mon père. Anticonformiste, il se moquait volontiers des mauvaises langues. Pendant longtemps, nous avons formé, dans les milieux mondains, un couple étrange et fort discuté... Nous nous amusions parfois de ces situations ambiguës que nous provoquions et qui suscitaient des réactions chez les «bien-pensants». Ma mère et ma grand-mère Alain en étaient, de même que le curé de St-Germain d'Outremont. Leurs commentaires allaient de la critique au blâme, de la surprise à l'indignation, aux incitations à la prudence, grande vertu morale. Quelques-uns admiraient cette «entente si cordiale...»

Mon père haussait les épaules et disait:

— Quelle société hypocrite! Les Canadiens français sont soupçonneux, envieux et peureux. Tu sais, Simonne, il faut se méfier de l'opinion publique et arriver à la balancer. Les nouvelles idées de Freud sont le fruit d'une recherche intéressante, mais il faut en prendre et en laisser. Nous sommes tous deux des êtres normaux, et non pas des cas cliniques. Librement, demeurons de bons amis. C'est très bien ainsi.

L'attitude tendre et généreuse de mon père à mon égard eut sur moi une influence positive qui m'a profondément marquée. De cette extraordinaire relation père-fille, j'ai acquis une grande spontanéité dans mes rapports avec les hommes. Je me suis toujours exprimée devant eux sans éprouver aucun sentiment d'infériorité ou de supériorité. Les yeux dans les yeux... «D'égale à égal», avec le pouvoir de négocier...

Je dois à mon père d'avoir eu très tôt de l'assurance dans mes comportements avec les individus et les groupes et une certaine facilité d'établir des rapports cordiaux avec autrui.

En souvenir de son anniversaire de naissance,
Richelieu, 23 avril 1979.

«Notre Père qui...»

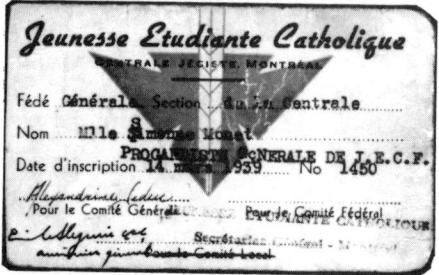

Je fus invitée par les religieuses de la Présentation de Marie du diocèse de St-Hyacinthe à diriger deux journées d'étude au Collège St-Maurice. Les dirigeantes étudiantes laïques devaient rechercher les moyens de mettre sur pied, à l'intérieur de la JECF du collège, divers services culturels, récréatifs et apostoliques. Pour le bien intégral, «l'humanisme intégral» des étudiantes, d'après le philosophe Jacques Maritain et sa femme Raïssa.

Je n'aimais pas l'appellation «propagandiste de l'Action Catholique étudiante» que la Centrale me décernait. J'ai toujours eu horreur de l'idée de propagande, reliée dans mon esprit au sectarisme, au dogmatisme religieux ou politique; qu'il soit de gauche ou de droite, nazi, fasciste ou catholique romain.

— De la Centrale de la JECF de Montréal, voici la **propagandiste** générale, Mlle Simonne Monet. Dévouée au service de l'Église, elle vous parlera tout d'abord de la nécessité de devenir membre actif de l'Action Catholique Étudiante. Elle vous entretiendra ensuite de sa foi en Dieu notre Père.

Suite à la «révérencieuse» présentation de la Révérende Soeur, je commentai le thème d'étude en nouvelle cathéchèse: «Dieu Notre Père». Tout au long de cet entretien avec mes compagnes étudiantes, je sentais, posé sur moi, le regard dur et hostile d'une collégienne. Son attitude de rejet face à mes propos dérangeait considérablement ma sérénité et mon assurance habituelles. La sentant distante et agressive vis-à-vis moi, j'étais intriguée en même temps que fascinée. Elle a du caractère cette fille, me disais-je. Et les mots de notre maîtresse de graduation, Soeur Véronique de Jésus, me revenaient à l'esprit: «Ne soyez pas des poules mouillées. Ayez du caractère, mes filles! Soyez des hommes, mes filles!»

Je proposai une pause et rejoignis la fille récalcitrante.

— Bonjour! Ça ne va pas? Je te suis antipathique?
— Laisse-moi tranquille! Va voir ton Dieu, ton père!

Au cours de ces deux journées d'étude, après plusieurs tentatives de rapprochement de ma part, elle s'est enfin confié:

— Mon père me viole depuis que j'ai l'âge de treize ans. Je crois que je suis enceinte de trois mois. Ma mère? Hospitalisée, paralysée à vie. Elle m'a dit de bien m'occuper de mon père parce qu'il était seul et malheureux. Il me force à coucher avec lui. Si je refuse, il me menace de ne plus payer mes études. Les études, c'est tout ce qui m'intéresse dans la vie! Je vais t'avouer que j'ai souvent la tentation de l'empoisonner et de m'empoisonner aussi. J'ai pensé à l'arsenic. Pourquoi vivre une telle vie? Alors quand tu parles de la bonté du Père...

Je tombais des nues! Cette fille vivait une réalité tellement atroce. Que lui dire? J'ai aussitôt téléphoné à mon père. Il m'a donné des conseils précis: «Consulte un médecin pour vérifier si elle est enceinte ou non. Puis un avocat pour poursuivre le père et demande un rendez-vous avec la directrice des Études et l'économe du collège pour garantir la poursuite de son BAC.»

J'ai ressenti une grande brèche dans ma foi en Dieu notre Père. Je n'ai plus jamais réutilisé cette image et cette expression en public. Je me souviens encore du regard de cette fille! Les malheurs de cette fille de dix-neuf ans m'ont bouleversée et fait brusquement et définitivement sortir de mon innocence et de mon inconscience face à la brutalité subie par des femmes de tout âge et de toute condition.

Par la suite, chaque fois que je prononçais une allocution sur des questions sociales éducatives ou religieuses, j'étais très attentive aux regards et aux attitudes des auditrices. J'ai toujours consacré le plus de temps possible à écouter les remarques, les questions des gens en fin de débat ou de conférence, pour essayer de dépister leurs problèmes, leurs soucis, leurs interrogations. Le silence, l'apathie ou l'indifférence des autres m'ont toujours inquiétée comme signes de non-communication, d'impuissance.

Vive la correspondance!

Montréal, 4 novembre, 1940.

Mademoiselle Simonne Monet,
            Montréal.

A ma chère Simonne, fille majeure et usant
        de ses droits!
Ma chère Simonne,

Quatre novembre, 1940, date qui, sans aucun
doute, fera époque dans ta vie de jeune fille!
Te voilà majeure! dans toute procédure judiciaire,
on te décrirait "fille majeure et usant de
ses droits". Quel changement cette majorité
va produire dans ta vie! Te voilà libre d'agir
à ta guise... Tu peux, à ton gré, fréquenter les
cabarets, courir les bals, griller une cigarette,
voire même prendre l'apéritif et le digestif.
Tu peux même convoler, pardon, je veux dire,
prendre mari sans l'autorisation de tes
père et mère. Comme je suis bien tranquille
sur tout ce que je viens d'énumérer, et
comme ton avenir de fille majeure ne m'in-

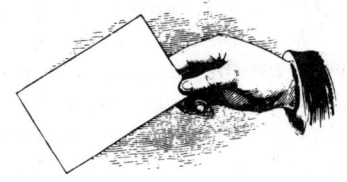

Mes 21 ans!

Montréal, 5 novembre 1940

Mademoiselle Simonne Monet
Montréal

À ma chère fille majeure,

La soirée intime d'hier soir, de bon goût et toute faite de sympathie et d'amitié a semblé te plaire et te faire plaisir, tant mieux.

Tes parents, ton frère Dédé, tante Anita et oncle Fabio, puis Audrey et E.C. Jos Piédalue, et tes amis sincères, tes amis dévoués ont voulu célébrer, ici à la maison, une fête-surprise pour tes vingt et un ans.

Tu as dû constater de visu que tu comptes des amitiés qui valent leur pesant d'or par leur qualité et leur sincérité. Ce sont des jeunes gens comme toi, très actifs dans les mouvements étudiants et universitaires.

Très bientôt, je crois, ces jeunes joueront un rôle politique et social très important dans la société canadienne française. Permets-moi certaines observations: j'aimerais citer certains d'entre eux qui m'ont impressionné vivement et m'ont rappelé mon temps d'étudiant où j'étais moi aussi actif dans les organisations universitaires, sur les plans artistique et politique.

Notre invité à tous, notre invité surprise, le père Émile Legault, votre ex-aumônier de la JEC et fondateur de la troupe «Les Compagnons de St-Laurent», a, je crois, bien animé cette soirée amicale. Ta grande amie Alexandrine Leduc, fille dynamique, était accompagnée hier soir pour la première fois ici, par Michel Chartrand, un jeune homme que j'ai trouvé discret, silencieux et distingué, «Mes hommages» t'a-t-il écrit sur la carte qui accompagnait une magnifique gerbe de chrysanthèmes couleur cognac. Tu n'as pas semblé comprendre sa signature. Je vous ai observés de près. Il n'a pas conversé avec toi, mais à son départ, il t'a redit: «Mes hommages! J'espère vous revoir».

J'ai causé avec Daniel Johnson, étudiant en droit et dirigeant de la JEC universitaire, c'est un garçon d'avenir. Gérard Pelletier, votre compagnon de travail à la Centrale de la JEC, nous a amusés avec ses imitations de Charles Trenet. «Il y avait de la joie!» Pauline Lamy, talentueuse «femme de plume» a beaucoup d'esprit. Thomas Bertrand et Roger Varin sont de jeunes chroniqueurs de talent au Journal JEC, Arcade Roy et Roger de Vaudreuil déjà sont des bibliothécaires qualifiés. De plus la présence, le sourire et la gaieté de jeunes filles distinguées telles Marcelle Lafrance, Suzanne Cloutier, Jeannita Savoie de Moncton, Jacqueline Rochette, Françoise Baril et autres ont égayé cette soirée fraternelle et si cordiale.

Quant à Benoît Baril, ex-président de la JEC, il innove déjà dans le domaine des publications et des éditions et sa fiancée Madeleine Maher semble bien lui convenir. André Bachand des HEC et de la Faculté de droit semble très décidé à faire lui aussi son chemin dans la vie. J'ai cru observer qu'il s'intéresse de plus en plus à ta jeune personne. Fait intéressant à noter, j'ai très bien connu son père Léonidas Bachand à l'Université de Montréal, étant ensemble tous deux étudiants à la Faculté de droit.

Ma chère fille, tu insistais tellement pour conserver avec la date mémorable de tes vingt et un ans toutes les petites cartes de voeux accompagnant les cadeaux que c'est cette attitude de ta part qui m'a inspiré l'idée de te remettre, de main à main, une autre lettre signée papa *dans laquelle tu pourrais inclure toutes tes cartes.*

Ai-je bien fait? Tu sauras me le dire. Ta mère et moi sommes heureux que tu aies apprécié la soirée-surprise organisée pour toi à l'occasion de tes vingt et un ans.

Papa

Rencontre avec Michel Chartrand

𝕾𝖎𝖒𝖔𝖓𝖓𝖊 𝕸𝖔𝖓𝖊𝖙
2634 𝕮𝖍𝖊𝖒𝖎𝖓 𝕾𝖙𝖊. 𝕮𝖆𝖙𝖍𝖊𝖗𝖎𝖓𝖊
𝕸𝖔𝖓𝖙𝖗𝖊́𝖆𝖑

Ste-Adèle, 15 février 1941.
Au lendemain de la St-Valentin.

Chère maman,

J'étais heureuse d'apprendre par téléphone que tous tes amis et amies, et particulièrement Isola, t'avaient entourée d'attention et de cadeaux lors de ta fête. Tu es leur Valentine préférée et celle de papa.

Je viens de recevoir ta bonne lettre où ton coeur parle si bien. Si hier, ma voix t'a paru étrange au téléphone c'est que lors de ton appel, Michel Chartrand était à mes côtés. Durant cette semaine de repos, de libre «retraite fermée», Michel à ma grande surprise est venu me visiter à la pension. Il s'est présenté à moi comme un compagnon prévenant et affectueux.

Les sentiments que j'éprouve envers lui sont confus. Est-ce surtout de l'estime, de l'amitié, de l'admiration ou serait-ce de l'amour? En confidence, je te fais part de cette interrogation. La découverte subite de sentiments profonds éprouvés envers ce remarquable jeune homme fut pour moi bouleversante. Je le considérais auparavant comme un bon compagnon, membre comme moi d'équipes d'action sociale et apostolique, rien de plus.

Michel Chartrand, dirigeant de la JIC venu ici me saluer pour la St-Valentin, a passé quelques jours avec moi et Lorraine. C'est un jeune homme admirable, franc et sincère. Mais sa présence-surprise, et depuis quelques jours assidue à mes côtés, hors du cercle habituel de nos activités communes, m'a subitement révélé la profondeur de mon attachement à sa forte personnalité, et un attrait irrésistible pour la force de ses convictions nationales et religieuses. Serait-il l'éventuel mari idéal décrit lors de mes seize ans?

Tâche de comprendre mon état d'esprit et d'être heureuse de ma toute récente détermination à fréquenter sérieusement Michel Chartrand. Nous nous considérons depuis hier comme fiancés l'un à l'autre, sans aucun projet précis sinon pour l'instant de poursuivre ensemble notre idéal de militant.

Simonne et Lorraine Provost, Sainte-Adèle, 1940.

Cette décision conjointe fut prise le jour de ta fête, mais n'a rien à voir avec la sentimentalité de la St-Valentin... Puis-je te l'offrir en cadeau? De toute façon, je te l'offre...

D'un autre côté, Lorraine et moi en repos dans les Laurentides grâce à vos bons soins, avons jasé ensemble, tout comme au temps de nos seize ans, de nos respectives façons d'envisager dans nos vies les relations amoureuses. Il en est résulté plus de compréhension et une plus grande confiance dans nos jugements respectifs.

Nos amours envers les jeunes gens ne feront que diminuer le nombre et la fréquence de nos rencontres d'amies, mais ne détruiront pas notre fidèle amitié. Tu as raison de dire que l'amitié est une chose très précieuse. Jusqu'ici, c'est ce qui a continuellement ensoleillé ma vie.

Maintenant, je pressens qu'un sentiment encore plus grand et plus fort que l'amitié la réchauffera et l'embellira. J'estimais déjà Michel Chartrand, je crois l'aimer gravement.

Il va falloir apprendre à se mieux connaître, à se soutenir l'un l'autre, à se compléter, à faire longue route ensemble.

Simonne

P.S. J'ai reçu la lettre de papa et l'argent qu'elle contenait pour ma pension ici à Ste-Adèle. Merci cher papa, cette lettre est aussi pour toi, mon ami.

Beloeil, 25 août 1941.

Mon papa bien aimé.

C'est une jeune fiancée enthousiaste et courageuse, c'est ta Simonne qui sent le besoin de venir se confier à toi. Mon coeur déborde du bonheur d'être aimée et c'est vers toi, qui m'a toujours comprise et considérée, qu'il se tourne. Que de fois depuis trois mois j'étais tentée de m'appuyer la tête sur tes larges épaules paternelles pour te faire des confidences, pleurer et rire à la fois. Mais je sentais que, là encore, je peinerais ma mère, jalouse de ma confiance en toi comme de mon grand amour pour Michel. Alors je suis restée distante, pensive et souvent apparemment indifférente à tout ce qui concernait les agissements de la famille, aux tiens mêmes.

Pourtant, intérieurement lorsque tôt je me couchais, je pensais longuement aux moyens de vous rendre plus heureux, d'apporter plus de joie et d'entente entre nous tous. Et la vie continuait monotone, sans aucun plaisir pour l'esprit, sans joie pour l'âme. Morne, lourde.

Je t'ai souvent plaint, papa, de vivre maintenant sous un grand but, sans activité ni fortes amitiés. Ta vie m'apparaissait terne et ennuyeuse et alors, parfois je m'enflammais à te suggérer des moyens d'action sociale, de culture de renouvellement spirituel. Mais sous grand succès. Rien ne changeait. C'est cette absence de vitalité familiale qui m'a si vite attachée à l'être pour moi cher entre tous. Je pouvais avec lui m'enrichir l'esprit, me cultiver voir du neuf, connaître des gens intéressants, m'ouvrir des horizons.

Et ma jeunesse désirait tout cela. Avec lui, je me suis habituée à échanger bien des idées, projets ou opinions. Toujours, ses goûts étaient les miens, toujours, il m'aidait à grandir.

Je comprends maintenant pourquoi, petit à petit, je me suis rendue compte qu'il était toute ma vie et qu'avec lui je pourrais toujours réaliser mon idéal puisque le sien était le mien.

Et puis, ensemble, nous avons rêvé du foyer simple et gai où il y aurait peu de "bébelles" mais des livres, des disques, de la belle musique, de vrais amis et des enfants, toujours et partout de l'amour vrai et fort.

Nous avons jour par jour échafaudé notre vie à deux, afin qu'elle soit grande, utile, intéressante et méritante. Et c'est ce que toute la vie nous ferons augmenter notre trésor de bonheur, d'amour chrétien, de sainteté.

J'aime Michel avec toute mon âme et mon cœur lui est entièrement voué.

Je ne reprendrai rien. Il guidera ma vie selon nos convictions, c'est dans l'ordre puisque la femme doit être la compagne de son mari. Déjà je le considère comme tel, lui donnant ses droits afin que, quand Dieu nous unira devant les hommes, il n'ait que mon corps de plus.

Il n'y a que l'attitude défiante et froide de maman qui assombrisse mon jeune bonheur. De grâce, parle moi et dis moi ce que Michel et moi pourrions faire pour lui être agréable. Nous ne voulons pas être égoïstes, mais nous nous aimons et nous voulons prendre tous les moyens pour être <u>heureux tous ensemble</u>. L'avenir nous sourit, le bon Dieu nous aime et nous protège et tout irait si bien si maman changeait d'attitude. Tu as fait humainement parlant des efforts gigantesques pour redevenir un homme, et grâce à ta persévérance mon bonheur est sauf. Toute ma reconnaissance pour ta bonne volonté. Mes relations avec Michel ont pu, grâce à ta digne tenue, être franches, simples et heureuses. Tu as assurées mon bonheur, je suis fière de toi et je regrette de ne pas te l'avoir dit plus souvent.

Mais le peu d'intimité qui existe entre maman et nous devient grave. Il est difficile de se confier, de parler ouvertement, de faire ensemble des projets sans la faire pleurer ou la contraindre. Ma position devient très difficile, encore plus celle de Michel. Il est habitué d'avoir son franc parler, et jamais il ne se dément. Il ne peut comprendre le silence et la froideur de maman envers nous. Il ne demande pas mieux que de lui plaire. Que lui reproche-t-elle? Qu'elle le lui dise. Il est bien intentionné.

il fera mieux. Aide nous à faire disparaître cette gêne. Vois Michel seul, parle lui franchement comme à un ami. Papa, si tu savais comme il m'aime beaucoup; jamais femme ne fut plus entourée, plus aimée que moi. Dans la vie, nous avons beaucoup plus besoin de compréhension, de tendresse et de confiance que des biens matériels. Tu le sais par expérience. Alors sois sans crainte pour mon avenir avec Michel. S'il n'a pas d'argent c'est qu'il a toujours travaillé par dévouement, mais il en fera parce qu'il m'aime et veut assurer ma vie. Prends nous comme tes enfants, qu'il remplace Roger. Tu vas nous aimer <u>tous les deux ensemble</u>?

Sache que ta fille t'aime et te voudrait plus heureux. N'oublie pas qu'il est encore temps pour vous aussi de revivre. Imitez nous comme amoureux et tous nous serons heureux.
En route vers le bonheur! Simonne

Ste-Adèle en Bas
21 février 1941

M. Michel Chartrand
288 Carré St-Louis
Montréal

Mon cher Michel,

Tu viens de repartir pour Montréal, reprendre ton travail de président-gérant-fondateur de la coopérative de vêtement « La Bonne Coupe ». Ton implication dans le mouvement coopératif « Maîtres chez nous » est un rêve nationaliste et un idéal social très louable que je partage.

À ton départ Michel, tu m'as dit: « Pourquoi ne nous marions-nous pas à l'occasion du 25e anniversaire de mariage de tes parents le 11 octobre? Ce serait une fête de famille élargie... » C'est une heureuse idée! Mais il faudra affronter et convaincre maman, qui, tu le sais, est excessivement possessive et autoritaire. Elle veut me garder indéfiniment comme « sa petite fille », elle en prend et en prendra les moyens... Elle me garde dépendante financièrement, ne me donne aucune responsabilité dans la tenue de maison et écarte systématiquement de ma présence tous mes amis s'ils deviennent amoureux de moi. Ça deviendra ton cas. Tu seras écarté de moi, je le redoute. Je me veux autonome, mais comme j'ai toujours peur de la faire pleurer, d'assister à ses scènes de larmes, de jalousie (jeune fille, elle a joué au théâtre du Conservatoire Lassalle), je deviens devant elle bien vulnérable.

En plus, tu es encore aux études. Tes cours à l'Institut Canadien d'Orientation professionnelle en psychologie, ainsi que tes cours du soir en coopératisme, en sciences économiques et politiques ne sont pas terminés. Tu n'es pas encore diplômé, tu es sans revenu assuré. Ce sera des objections de taille contre des fiançailles officielles.

Et puis, cette affreuse guerre continue. Bientôt ce sera peut-être la conscription obligatoire. Déjà tu as été appelé à faire ton entraînement militaire. Tu sembles vouloir refuser de t'inscrire au Corps-École des Officiers de l'Université de Montréal, le très français « Canadian Officers Training Corps ». Si, par principe politique et objection de conscience, tu refuses de faire ton mois d'entraînement au camp de St-Jean et d'Huntingdon, tu auras sûrement des ennuis graves avec la direction de l'Université et la Gendarmerie Royale.

Pour toutes ces raisons, tu seras mal reçu à la maison. Que faire? Papa est gentil, mais plutôt bonasse; il n'osera contredire maman pour ne pas avoir de violentes discussions avec sa femme sur mes éventuelles fiançailles en vue d'un éventuel mariage.

Tu sais que je suis une jeune fille gâtée et favorisée financièrement. Je n'ai pas à gagner ma vie: d'ailleurs je ne sais rien faire qu'étudier et animer des réunions. Alors?

Je suis confuse et troublée, impuissante et hésitante devant notre avenir d'amoureux. Par toi, je suis considérée comme une «grande femme», par maman, je suis considérée comme une «petite fille» délicate à surprotéger. Alors?

Je suis au centre d'un grave conflit de sentiments. Je compte sur ton intelligence de la situation, ta philosophie de la Vie et en la Providence pour m'aider à me révéler à moi-même, à m'épanouir et nous réaliser ensemble. Je crois t'aimer sincèrement. Sincèrement.

Simonne

Amos, 14 septembre 1941

Mes très chers parents,

Durant ma tournée de conférences sur le thème de: «La valeur créatrice des femmes par l'artisanat» en compagnie de l'extraordinaire et si dynamique Mme Françoise GaudetSmet, je tiens à vous confier un grand secret. Je vis des jours graves, éloignée physiquement de Michel, mais très unie à lui par la pensée. Nous nous aimons toujours davantage. Je tiens à vous le redire. Êtes-vous bien disposés à me comprendre? Reportez-vous vingt-cinq ans en arrière où jeunes et courageux, enthousiastes et amoureux, pleins de rêves d'avenir, vous aviez décidé de vous marier en octobre 1916 malgré les réticences de vos parents.

Maman, comprends-moi, toi qui es une femme d'extraordinaire sensibilité et de grande passion. Retrouve tes vingt-quatre ans de fiancée, de future mariée. Revis en pensée cette atmosphère, cette époque de ta vie de femme. Rapprochons nos coeurs de femme, veux-tu? J'y tiens tellement. Cessons de discuter, d'argumenter. Certes nos *points de vue sont différents sur l'insécurité matérielle à laquelle on devrait faire face durant la guerre, mais vous avez vécu la même situation au temps de vos épousailles durant la première guerre. L'avez-vous oublié?*

Je désire me marier et très bientôt. Pourquoi pas à l'occasion de la célébration de votre messe de 25e anniversaire de mariage? Je vous en fais la demande, en toute lucidité et simplicité. Je serais heureuse d'être ta fille et de redire le 11 octobre prochain, en même temps que toi, le oui sacramentel.

Marions-nous tous les quatre, rapprochons nos coeurs. Le bonheur est un bien précieux en lui-même. Le bonheur se place au-dessus des avantages matériels. Nous croyons Michel et moi à la primauté du spirituel et à la protection de la Providence. Je vous en prie, redevenez les amoureux de 1916 afin de revivre vos sentiments de confiance et d'espoir dans la Vie et de les partager avec nous.

Votre fille affectueuse

N.B. Lisez ensemble cette lettre d'Abitibi. J'écrirai de nouveau de Ville-Marie, Témiscamingue. J'accompagne une femme d'action, mais aussi une femme poète. Je l'estime beaucoup.

Simonne

Montréal, 10 décembre 1941

Ma chère Simonne,

Enfin, je me décide à t'écrire. Il y a longtemps que je voulais te causer sérieusement au sujet de Michel, de tes amours, de tes projets d'avenir, mais ayant constaté au cours de certaines conversations entre ta mère et toi, que tout était décidé d'avance et que rien au monde ne pourrait te faire changer d'idée, j'ai cru plus sage de garder le silence et de souffrir au plus intime de mon être, parce que je craignais que des paroles regrettables de ta part et de la mienne puissent s'échanger entre nous deux. Aujourd'hui, il est de mon devoir de t'écrire. Je serai bref, car je suis presque convaincu que ma lettre ne changera rien, mais je préfère coucher par écrit mes sentiments, afin que tu puisses les scruter plus profondément et plus froidement.

J'admets que Michel Chartrand est très intelligent, honnête, entreprenant; il a de hautes dispositions, des projets idéalistes de réformes sociales et politiques et cela en pleine guerre. Il a un magnétisme extraordinaire qui t'a entièrement envoûtée, métamorphosée. Tu aimes Michel à la folie, tu l'aimes aveuglément; aucun être n'existe dans le monde, sauf lui. Vous avez tous deux une façon renversante d'envisager l'avenir qui vous apportera — je ne le souhaite pas, mais c'est inévitable — des désillusions qui vous blesseront pour la vie. Inutile d'insister, ni toi ni lui n'admettez la chose.

J'ai soumis ton cas et très honnêtement, sans parti pris, à quelques personnes qui sont loin de t'être antipathiques, qui t'estiment, t'aiment et veulent ton bonheur, notamment à Mgr Desmarais, nouvel évêque d'Amos, Mgr Douville évêque de St-Hyacinthe et le Père Germain-Marie Lalande. Ta mère l'a discuté même avec Mme F. Gaudet-Smet qui a pour toi une admiration bien légitime et sincère. Tous ne comprennent pas que tu puisses engager ta vie dans une aventure amoureuse qui frise la folie, et ne peuvent comprendre qu'une fille si intelligente puisse envisager l'avenir comme tu le fais présentement d'une façon aussi imprévoyante.

Et je termine. C'est au bureau, seul avec mes pensées, froidement et sans aucun parti pris que j'ai tenu à te confier ces quelques pensées. Mon devoir de père de famille, on me l'a tracé et ce sont des autorités ecclésiastiques qui m'ont conseillé. À moins que ton avenir à tous les points de vue ne soit assuré, je n'ai pas le droit d'approuver ta décision de te fiancer ou de te marier. Tu as cependant le droit de faire ce que bon te semblera et moi, j'aurai fait ce qu'il est de mon devoir de faire. Tu es libre de suivre ou non un conseil tout à fait désintéressé, tu as le droit de n'accepter que l'opinion d'un homme que tu aimes et de rejeter toutes les autres, ceci est ton affaire.

Papa

SOLENNELLE DÉCLARATION D'AMOUR

En toute lucidité, librement, je décide d'épouser Michel Chartrand.

La coutume veut qu'une fille se marie dans sa paroisse. Quoique majeure, le curé de St-Germain d'Outremont, ami de la famille, a refusé de célébrer notre mariage. Il connaît l'opposition de certains membres de ma famille à notre union dite non raisonnable, trop idéaliste.

Le chanoine Lionel Groulx, notre estimé professeur d'histoire, a eu ce matin la bienveillance d'accepter de bénir notre consentement réciproque à recevoir ce sacrement.

La célébration aura lieu à la petite chapelle du Sacré-Coeur de l'église Notre-Dame de Montréal.

À partir de demain, j'opte volontairement de porter le nom de Chartrand. Je pourrais légalement conserver mon nom de famille. «La fille en se mariant perd son nom» dit un adage. Mais bien au-delà de la mode et de la coutume, je décide de mon plein gré de m'appeler Mme Chartrand.

Je choisis d'être la compagne de Michel, de partager sa vie, en accord avec son idéal de justice sociale et politique. Dès demain, je m'appellerai non pas Mme Michel Chartrand, mais Mme Simonne Chartrand.

«Pour le meilleur et pour le pire.»

Par la puissance de l'amour.

Outremont, en ce 16 février 1942

Lettres aux nouveaux mariés

CENTRALE DE LA J.E.C.
430 est, rue Sherbrooke
Montréal.

Madame Michel Chartrand
Candle Inn
St-Adèle-en-Haut
Comté de Terrebonne

Ma chère Simonne,

C'est pour avoir le plaisir d'être l'une des premières à écrire: Madame Michel Chartrand que je t'envoie ce petit mot.

Ici à la Centrale nous pensons à toi. Hier, il faisait un de ces soleils!!! Tu te souviens des tentations de douce farniente qui nous enveloppaient après dîner lorsqu'il faisait beau et que nous revenions de «Chez Lapensée»? Nous avions surtout l'idée de partir quelque part où l'on jouirait mieux du beau jour.

Il paraît que les façons, les manières qu'on adopte l'un vis-à-vis de l'autre durant le voyage de noces influencent toute notre vie de ménage. Ça fait plusieurs personnes qui me disent cela. Ah! Ah! Voilà ma vieille comment d'ici nous pensons à vous deux.

Gérard P. est parti seul travailler au Bulletin des dirigeants, il va se reposer en même temps; il en a grandement besoin, mon pauvre amour. À certains moments, c'est bien difficile pour nous de travailler ensemble à «Servir» et de toujours devoir cacher nos sentiments...

Bonjour! Que le temps soit extraordinairement bon pour vous deux Monsieur et Madame Michel Chartrand.

Fraternellement

Alec Leduc

Jeudi, 19 février 1942.

Montréal, 23 février 1942

M. *et* Mme *Michel Chartrand*

Mes chers «vous deux»,

Je ne demanderai pas comment vous êtes, je sais que vous êtes très très heureux; jouissez bien de vos beaux jours à l'ombre et loin de tout le monde. Vous êtes dans un petit coin que vous n'oublierez jamais...

Ma chère Simonne, je pense bien à toi dans mes prières, j'ai fait mes Pâques ce matin et je n'ai pas oublié de prier pour mon nouveau petit-fils Michel.

J'ai téléphoné à Mme J.-Louis Chartrand, ta belle-maman. Tu ne peux pas faire autrement que de l'aimer; elle est si gentille ainsi que toute la famille. J'ai admiré l'harmonie qui règne dans la famille de ton mari, j'ai trouvé cela très beau. Je suis certaine de ton bonheur.

Ta tante Jeanne a écrit une très belle lettre à ta mère, j'espère qu'elle te la fera lire. Ils ont tous été communier le matin de ton mariage, ton oncle, ta tante, Pierre et Jacques, Jean, Marie et André.

Puis vous Michel à Simonne, vous devez être heureux. Faites bien attention de ne pas faire de misère à ma filleule, car je vous ferai payer cela bien cher... Embrassez-la bien bien fort pour moi, dites-lui que G.-M. vous le permet, j'en ai le droit maintenant.

Bien, mes chers «vous autres» bonheur, joie et toutes sortes de bonnes et belles choses.

de G.-Maman

Montréal, 18 février 1942.

Aux jeunes mariés,

Je vous envoie avec plaisir quelques photos parues dans les journaux d'aujourd'hui. Surprise! Personne n'avait demandé les services professionnels de photographes. Elles sont assez bonnes. Mais les mariés eux-mêmes sont plus beaux...

Après l'affreux temps de votre matin de noces, il fait extraordinairement beau aujourd'hui. Je souhaite qu'il fasse toujours beau dans vos coeurs.

Papa

Bonjour ma Simonne! Non, bonjour «vous deux». Reposez-vous bien, passez de belles heures, elles feront époque dans vos vies. Soyez heureux et oublions à jamais hier pour ne penser qu'à demain.

Je t'embrasse, j'oubliais... Je vous embrasse bien fort.

Maman

Les années se suivent mais ne se ressemblent pas. L'an passé, à pareille date nous étions tous les trois ensemble à Ste-Adèle. Cette année, j'imagine que je ne ferais pas bonne figure. Vous avez besoin d'être seuls pour vous répéter combien vous vous aimez. À bientôt «mes amis».

Lorraine

25e ANNIVERSAIRE DE MARIAGE

Ce fut la coutume, ça deviendra peut-être du folklore ou des cas d'exception, mais au Québec, vingt-cinq ans de vie conjugale, ça mérite d'être célébré.

À cette occasion, en février 1967, une fête-surprise fut organisée par les membres de nos familles. Tout juste installés dans notre nouvelle maison à Richelieu, on alluma pour la première fois un feu de foyer. On pendit la crémaillère. Avant de déguster les mets du banquet-maison, Alain prit la parole: Portons un toast à la santé et au bonheur des époux Chartrand! Levons nos verres en leur honneur!

Bravo à Michel parce qu'il est lui-même et pour ce qu'il a accompli et accomplira!
Bravo à Simonne parce qu'elle est elle-même, pour ce qu'elle a réalisé et réalisera!
Bravo à vous deux pour nous avoir laissé la liberté d'être et de faire autrement!

Nous avons été tous deux à la fois surpris, émus et honorés. Et la fête continua...

De gauche à droite, en haut: Micheline, Michel, Simonne, Geneviève-Suzanne, Alain.
En bas: Dominique, Anne-Madeleine, Marie-Andrée, Hélène.

Épilogue

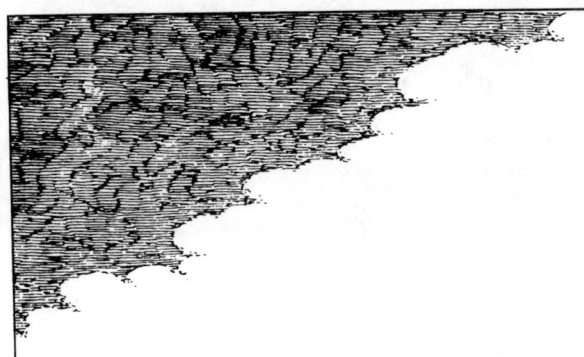

À TRAVERS LA DÉBÂCLE DE LA RIVIÈRE

Je suis depuis longtemps ménauposée
Je n'ai plus de règles
Je n'ai plus que des souvenirs...
Et beaucoup de désirs

Ils viennent du fond de mon âme, de mon coeur
Ils sont au-dessus des politiques établies, douteuses et
    opportunistes
Je n'ai plus qu'une règle, celle dictée par l'amour des
    humains
Leur épanouissement et leur bonheur
Bonheur d'aujourd'hui
De demain
Et cela même à travers la débâcle de la rivière...

Simonne Monet Chartrand
  Richelieu, en ce 17 février 1979,
    anniversaire de mariage
      de Simonne et Michel Chartrand.

Longueuil, 6 septembre 1979

LA VIE VA JAILLIR...

Je suis en grossesse
En état de grossesse
J'accouche chaque jour
de ma vie
Antérieure
Présente
Future
C'est la débâcle
Mes eaux vont crever
Et rejoindre la rivière...
La vie va jaillir
Brillante
Forte
Éternelle
À travers celle de mes enfants et petits-enfants
À travers les êtres et les saisons
Mes espoirs en l'humain
se cachent en la Femme, en l'Homme.
Vive l'enfance!

*Texte dédié à Anne Madeleine Chartrand
en ce 21 avril 1979, pour son
anniversaire de naissance,
Richelieu.*

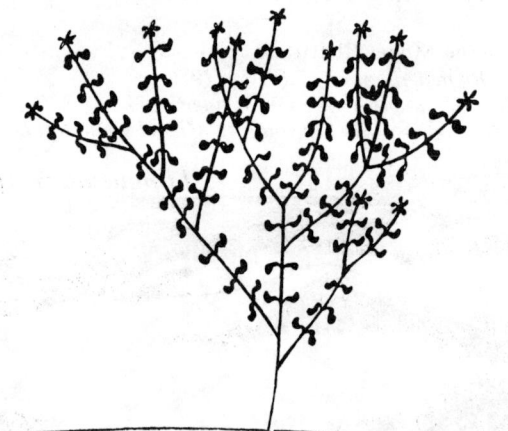

JE VOUS CONFIE UN SECRET

En cette fête des pommiers en fleurs
votre Mamie est très heureuse parmi vous
dans votre maison si gaie, décorée de dessins, de plantes
de broderies, de tapisseries d'Afrique et d'Amérique.
Par la fenêtre de la chambre, au deuxième étage,
je regarde les pommiers en fleurs et la montagne
que j'appelais, moi, dans mon enfance, le mont Beloeil.
Ma montagne est devenue votre montagne.

Mes deux petites biches chéries,
je vous rejoins dans vos rêves
pour vous souffler à l'oreille un secret
Je suis somnambule
Je marche en dormant
Je traverse le jour et la nuit en rêvant
Sur le fil de la Vie.
Quand j'avais votre âge, déjà je dormais peu
et je rêvais beaucoup en marchant.
Souvent votre grand-papa Michel me dit:
«Simonne, prends donc le temps de te reposer
Tu te fatigues trop
Détends-toi, essaie de dormir».

Je connais mal le sommeil
Il me visite rarement
Si j'arrive à m'endormir
Je rêve aussitôt,
Au réveil, j'ai du mal à démêler
Les fils du rêve et ceux de la réalité...

À ton âge Katie, j'ai attrapé la coqueluche
J'ai toussé durant les jours et les nuits
de deux pages de calendrier
Ça m'a empêchée de dormir
Et mes parents et mes grands-mères aussi.
Ma mère me soignait bien
Mon père Amédée, lui, me donnait alors
une sorte de bonbons rayés, des bâtons forts.
Ça me consolait et me faisait plaisir.
Il me semblait que je toussais moins fort et moins souvent.
Plus calme, je fermais les yeux
et je faisais un petit repos.
Et je me remettais à tousser

Et re-bâtons forts...
À toi Anne-Marie
À toi Katie
Pour la fête des pommiers en fleurs
Je vous offre en cadeau une jolie chanson
La chanson du loup, de la biche et du Chevalier
Chanson que je chantais à votre maman Hélène
quand elle avait cinq ans
«Cette chanson douce je veux la chanter aussi
La petite biche est aux abois
Que dans le bois se cache le loup ouh! ouh! ouh! ouh!
Mais le brave chevalier passa
il prit la biche dans ses bras la la la la!
La petite biche se sera toi si tu veux
Le loup on s'en fiche
contre lui nous serons deux»
Mais nous, contre le loup nous sommes trois
Katie, tu me ferais plaisir si tu me dessinais
la biche, le loup et le Chevalier
tels que tu les vois en écoutant la chanson.
Ce soir, dans votre belle chambre aux murs colorés
je vais dormir sereine et heureuse.
Il y a cinquante ans que je m'endors
Je suis une grand-maman chouette
Et vous deux, vous êtes mes petites biches.

Écrit au Mont St-Hilaire,
chez Hélène et Gilles Deslauriers, mai 1976.

DAME DE PIQUE — DAME DE COEUR

J'ai longtemps joué «au coeur» avec mes parents
et mes grands-mères.
«Simonne, cesse de rêvasser
C'est à ton tour
Bats les cartes».

Le mariage des cartes, «le Rouge et le Noir»
Le combat en vêtements noirs et rouges
Entre les valets, les rois et les reines
Faisaient battre mon coeur
Vite, très vite
Toujours plus vite

Depuis, je continue de battre les cartes
Mais plus lentement
J'aperçois entre mes doigts les as noirs et rouges
tout-puissants
Je vois aussi les plus petits nombres
Le chiffre deux est si petit
Trop petit pour se défendre contre le Roi

Qui suis-je, moi qui bats les cartes?
Quelle est ma place
Quel est mon rôle dans ce jeu où l'on me bat?
Une dame de coeur qui se défend
Qui se débat dans un jeu qu'elle ne contrôle pas
Bien qu'au jeu de coeur
Une dame de pique, celle-là, contrôle le jeu
Mais selon les règles pré-établies
Impuissante à les changer
La dame de coeur les rejette et les méprise

Le jeu de cartes est artifice et tromperie
Comme tous les jeux de société.
J'ai compris les règles du jeu
Les stratégies et les finasseries du pouvoir
Je ne recherche pas le pouvoir
Je ne joue pas ce jeu-là
Je me retire en silence
Seule, parfois je joue à «La Patience».

«Simonne, comme tu es distraite, c'est à ton tour
Donne, distribue les cartes»
«Grand-maman, je ne joue plus
Je ne veux même pas la dame de pique
Je demeure hors du jeu
Je suis une dame de coeur».

*Texte dédié à Geneviève Suzanne Chartrand
en ce 3 janvier 1979,
pour son anniversaire de naissance.*

Achevé d'imprimer
sur les presses des
Ateliers des Sourds Montréal (1978) inc.
le quinze avril mil neuf cent quatre-vingt-un.